rororo

Zu diesem Buch

Vor sechzehn Jahren wurde in Großbritannien das erste Rind mit BSE entdeckt, seit fünf Jahren weiß man, dass der Erreger der Wahnsinns-Seuche auch den Menschen befallen kann – mit fatalen Folgen: Gegen die tödliche Creutzfeldt-Jakob-Krankheit gibt es kein Mittel.

Jetzt ist BSE endgültig in Deutschland angekommen – eine Woche nachdem der inzwischen zurückgetretene Landwirtschaftsminister Karl-Heinz Funke ein letztes Mal versichert hatte, dass Deutschland davon frei sei. Man hätte es besser wissen können. Aber vorbeugender Schutz der Verbraucher war in der Bundesrepublik jahrelang kein Thema. Jetzt ist die Verunsicherung umso größer: Wem kann man noch glauben – und was kann man noch essen?

Dieses Buch will in der Flut der Informationen Orientierung bieten und versammelt, was über die Seuche, ihre Ursachen und ihre möglichen Folgen bekannt ist. Es zeichnet die Kette von Fehlleistungen, Versäumnissen und Vertuschungen in Europa und Deutschland im Umgang mit BSE nach und erklärt in seinem Ratgeberteil, was Verbraucher jetzt über Fleisch, Wurst und Fisch, Milch, Babynahrung und Fastfood, Arzneimittel, Kosmetika und auch Tierfutter wissen müssen.

Norbert Dohn, Jg. 1961, Redakteur beim Westdeutschen Rundfunk, ist Autor mehrerer Dokumentationen über BSE sowie des Buches «Das BSE-Kartell» (mit Kay Dethlefs), rororo aktuell, 1996; er lebt in Hilden.

Berit Schmiedendorf, Jg. 1967, war bis 2000 Redakteurin bei der «Süddeutschen Zeitung» und arbeitet jetzt als Freie Journalistin; Autorin zahlreicher Berichte über die Themen BSE, Ernährung und Verbraucherschutz; sie lebt in Darmstadt.

Norbert Dohn / Berit Schmiedendorf

BSE –
Die Wahnsinns-Seuche

Was Verbraucher wissen müssen

Rowohlt Taschenbuch Verlag

Originalausgabe
Lektorat Frank Strickstrock

Veröffentlicht im Rowohlt Taschenbuch Verlag GmbH,
Reinbek bei Hamburg, Februar 2001

Umschlaggestaltung Susanne Heeder
Satz aus der Sabon PostScript QuarkXPress
Gesamtherstellung Clausen & Bosse, Leck
Printed in Germany
ISBN 3 499 61309 3

Die Schreibweise entspricht den Regeln
der neuen Rechtschreibung.

Inhalt

B. Was Verbraucher wissen müssen

Einleitung

«BSE? Das ist doch eher ein wissenschaftliches Thema.» So argumentierten viele noch bis vor wenigen Monaten. Selbst politisch Versierte waren sich der Brisanz des Themas lange nicht bewusst. Wahnsinnige Rinder und todkranke Menschen, was hatte das mit Politik zu tun? – Im Januar 2001 traten zwei deutsche Bundesminister gleichzeitig zurück: die grüne Gesundheitsministerin Andrea Fischer und der sozialdemokratische Landwirtschaftsminister Karl-Heinz Funke. Das hatte es noch nie gegeben. Weder die fragwürdige Subventionspolitik in der Agrarwirtschaft noch die Gesundheitsreform waren der Anlass. Nein, es war der Rinderwahnsinn, über den beide stolperten. Noch im selben Monat trat auch die bayerische Sozialministerin Barbara Stamm (CSU) zurück. Zusätzlich zum mangelhaften BSE-Krisenmanagement musste sie sich vorwerfen lassen, seit mehr als einem Jahr von Schweinedoping in ihrem Bundesland gewusst zu haben.

Das scheinbar rein wissenschaftliche Thema hatte binnen kurzem zu einer anhaltenden politischen Krise in Deutschland geführt. Der Umgang mit der Seuche aufseiten der Politik war offensichtlich so fehlerhaft gewesen, dass Bundeskanzler Gerhard Schröder kurz vor Weihnachten sogar eine eigene BSE-Beauftragte berief. Die Politik entdeckte plötzlich die Verbraucher. Und diese waren längst alarmiert: Wem sollten sie noch glauben – und was kann man noch unbedenklich essen?

Es ist nicht die erste Revision in Sachen Rinderwahnsinn. Bereits zwei Untersuchungsausschüsse haben in den vergangenen Jahren die BSE-Politik unter die Lupe genommen. Zum ersten

Mal nahm sich das Europäische Parlament Anfang 1997 des Themas an. Das Resultat: In Brüssel wurde BSE im großen Stil vertuscht, verschlampt, vertagt. Auch der Untersuchungsbericht, den die britische Regierung im vergangenen Herbst veröffentlichte, zeigt, dass in Großbritannien viel hätte dazu beigetragen werden können, die Seuche einzudämmen. Doch britische Politiker hatten in erster Linie das Wohl der Industrie im Auge: Sie beschäftigten ihrer Position wohl gesinnte Wissenschaftler, hielten Forschungsergebnisse bewusst zurück, kontrollierten die selbst veranlassten Maßnahmen zur Eindämmung der Seuche kaum und wiegten die Bevölkerung in Sicherheit.

All das kommt einem bekannt vor. «Deutsches Rindfleisch ist sicher», das sagten in parteiübergreifender Einmütigkeit schließlich auch die drei verflossenen Landwirtschaftsminister. Ignaz Kiechle (CSU), Jochen Borchert (CDU) und Karl-Heinz Funke (SPD) wussten alle ganz genau Bescheid über einen Sachverhalt, der bis Dezember 2000 gar nicht untersucht worden war. Denn kaum jemand in der Bundesrepublik hielt es für nötig, nach BSE zu fahnden. Schnelltests? Wozu auf etwas testen, was gar nicht existiert. Die Verbannung von Risikomaterial? Unsinn, bloß teurer Aufwand zum Schaden der Fleischindustrie. Ein generelles Tiermehlverbot? Bloß nicht, dann wachsen die Schweine nicht schnell genug.

Und plötzlich geht es doch. Kaum ist das erste deutsche BSE-Rind aktenkundig, überschlägt man sich in Berlin mit Maßnahmen, um das Vertrauen der besorgten Verbraucher zurückzugewinnen. Binnen weniger Tage bringt die Bundesregierung ein totales Tiermehlverfütterungsgesetz durch den Bundesrat, keine Woche später ist es Pflicht, alle Schlachtrinder über 30 Monaten einem BSE-Schnelltest zu unterziehen. Ende Januar 2001 wird dieses Alter auf 24 Monate abgesenkt. Plötzlich werden auch Lebensmittel im großen Stil kontrolliert: Und siehe da, oft ist in der Wurst etwas drin, was gar nicht draufsteht. Rinderhirn zum Beispiel oder so genanntes Separatorenfleisch, das wegen möglicher Rückenmarksknochensplitter als potenziell hoch infektiös gilt.

Bis zum Jahresende summiert sich die Zahl deutscher BSE-Rinder auf sieben. Fünf davon kommen aus Bayern, einem Land, das sich immer besonders verbraucherbewusst gerierte. Rindfleisch mit dem weißblauen Siegel «Qualität aus Bayern» galt als besonders sicher, es wurde sogar in Pariser Sternerestaurants offeriert. Doch spätestens als der bayerische Landwirtschaftsminister Josef Miller (CSU) im vergangenen Dezember einräumte, seit 1995 von mit Tiermehl verunreinigtem Rinderfutter gewusst zu haben, dämmerte es Verbrauchern wie Bauern: München ist nicht Berlin, und das muss in diesem Fall nichts Gutes heißen.

Doch auch aus der Hauptstadt häufen sich in dieser Zeit die Fehlermeldungen. Plötzlich gibt es Hinweise auf Kommunikationslücken zwischen den von BSE betroffenen Ministerien. Hinzu kommen warnende Briefe aus Brüssel und Kulmbach. Sowohl der EU-Verbraucherkommissar David Byrne als auch die Bundesanstalt für Fleischforschung machen sich Sorgen um die Sicherheit der deutschen Wurst. Die bleiben allerdings erst mal ungehört, der Brief aus Kulmbach geistert gleich mehrere Tage unbeachtet durch das Gesundheitsministerium. Ex-Ministerin Andrea Fischer wirft Byrne in dieser Zeit mangelnde Sachkenntnis vor und versichert den deutschen Wurstliebhabern, dass Hirn schon seit Jahr und Tag nicht mehr in die Aufschnittpalette «Made in Germany» gelänge.

Ein peinlicher Irrtum. Natürlich wurden Risikomaterialien vom Rind verwurstet – sie wandern sogar heute noch in deutsche Fleisch- und Brühwürste. Und zwar ganz legal, solange die verwendeten Materialien von Kühen stammen, die jünger als zwölf Monate sind. Aber so ist das mit BSE: Die Vorschriften sind kompliziert und alles andere als logisch. Das muss die Gesundheitsministerin auch feststellen, als in Deutschland Anfang des Jahres erstmals bei einem 28 Monate alten Rind BSE diagnostiziert wird. Flugs denkt sie darüber nach, das Testalter zu senken. Dabei ist das Phänomen alles andere als neu. Das jüngste jemals entdeckte BSE-Rind war sogar nur 18 Monate alt – und wurde bereits vor Jahren in Großbritannien identifiziert.

Ziemlich peinlich wird es auch für Landwirtschaftsminister Funke, als dessen Staatssekretär Martin Wille zu Beginn des Jahres bei einem Bund-Länder-Treffen in Berlin ein Positionspapier für die zukünftige Landwirtschaftspolitik präsentiert, das den konsequenten Ausbau umwelt- und artgerecht wirtschaftender Höfe fordert – auf Kosten der Massentierhaltung. Das Papier sei noch nicht mit ihm abgestimmt worden, dementiert Funke, und lässt Willes Wünsche in den Papierkorb wandern. Stattdessen bemüht sich Funke diesmal selbst und legt zwei Tage später ein eigenes Konzept für die künftige Agrarpolitik vor. Von Biohöfen ist da nicht mehr groß die Rede. Funke hält im Wesentlichen an der industriellen Landwirtschaftspolitik fest.

Als in der zweiten Januarwoche das zehnte deutsche BSE-Rind bestätigt wird, reicht Andrea Fischer angesichts des «erschütterten Vertrauens» der Bürger ihr Rücktrittsgesuch beim Kanzler ein. Im Strudel der Ereignisse muss auch Funke noch am selben Nachmittag gehen, nicht zuletzt gedrängt vom Bundeskanzler selbst. Trotzig meint der Zurückgetretene noch am selben Abend, er gehöre nicht «zu denen, die bereit sind zu streichen, was sie in langen Jahren für richtig gehalten haben».

Im Zuge der Neubesetzung wird das Landwirtschaftsministerium neu strukturiert. Das nun von der grünen Politikerin Renate Künast geführte Haus heißt seit dem 10. Januar «Ministerium für Verbraucherschutz, Ernährung und Landwirtschaft». Die Verbraucherverbände, denen Schröder noch kurz zuvor massive Kürzungen zugemutet hatte, jubeln. Und die Verbraucher selbst? Welches Vertrauen können sie in ein Ministerium haben, das gleichzeitig die Interessen der Landwirtschaft und die der Konsumenten vertritt? Das Risiko, an der menschlichen Variante des Rinderwahns zu erkranken, wird ihnen niemand nehmen können – weder eine radikale Wende in der Agrarpolitik noch eine grüne Landwirtschaftsministerin. Dafür ist es einfach zu spät. BSE ist in Deutschland angekommen.

Trotzdem kann man sich schützen: Verbraucher können Fragen stellen und besonders riskante Produkte meiden. Welche dazugehören, erläutert der ausführliche Ratgeberteil in diesem Buch, während die ersten Kapitel beschreiben, welche Dimension die «Wahnsinns-Seuche» BSE hat und warum sie sich in Europa derart ausbreiten konnte. Wer aber gezielt fragen und einkaufen will, der braucht die notwendigen Informationen – auch darüber, was niemand derzeit mit Sicherheit sagen kann. Denn allzu oft, auch diese Wahrheit hat der bisher größte Lebensmittelskandal in Europa offenbart, wird aus Unwissen oder auch Berechnung für unbedenklich erklärt, was es gar nicht ist.

Wir haben zusammengetragen und recherchiert, was in den Zeiten von BSE zum Beispiel über Fleisch, Wurst und Fisch, Milch, Babynahrung und Fastfood, Arzneimittel, Kosmetika und auch Tierfutter wissenswert ist. Und wir beschränken uns dabei nicht nur auf Fleisch und andere Produkte, bei deren Herstellung das Rind eine Rolle spielt. Denn der Genuss vieler weiterer Lebensmittel ist durch die Existenz und Verbreitung des BSE-Erregers zweifelhaft geworden, und die Ungewissheit darüber, was in einzelnen Nahrungsmitteln enthalten sein könnte, gehört zu den unheimlichsten Begleiterscheinungen der BSE-Krise.

Einkaufen, essen gehen und kochen, so viel ist sicher, ist in

Zeiten von BSE schwieriger geworden. Essen wird zur Wissenschaft. Aber nicht nur das. Wer bewusst einkauft und beispielsweise seinen Metzger gezielt nach Herkunft und Inhaltsstoffen seiner Waren befragt, verändert auf lange Sicht auch die Bedingungen, unter denen Lebensmittel hergestellt werden. Essen ist also auch praktizierte Politik.

Bei unseren Recherchen in Großbritannien und der Bundesrepublik haben uns viele Menschen durch Offenheit und Entgegenkommen geholfen. Unser besonderer Dank gilt Maria Yendell und Jens Wilhelm sowie den Journalisten Udo Lielischkies und Monika Wagener.

Norbert Dohn/Berit Schmiedendorf, Januar 2001

A. Die Wahnsinns-Seuche

BSE beginnt – eine kurze Geschichte des Rinderwahns

Ende 1984 und Anfang 1985 traten die ersten Fälle von Rinderwahnsinn in Großbritannien auf. Die Tierärzte wurden von den Bauern mit der fast immer gleichen Meldung zu den Rindern gerufen: «Mit meiner Kuh stimmt was nicht.» Es ist schwer zu sagen, welcher Landwirt in welchem Teil des Landes tatsächlich das erste Rind mit BSE in seinem Stall stehen hatte, und das ist eigentlich auch nicht so wichtig. Viel wichtiger ist es, die Frage zu klären, warum sich die Erkrankung zu einer Epidemie auswachsen konnte, bei der im Vereinigten Königreich bis heute gut 180 000 Tiere verendet sind.

Ashford in der südenglischen Grafschaft Kent am 25. April 1985: An diesem Tag wird der Veterinär Colin Whitacker zu einem Bauern gerufen, dessen Kuh ungewöhnliche Symptome zeigte. Das Tier war ausgesprochen nervös und wirkte aggressiv. Whitacker berichtete später: «Als ich die Kuh zuerst sah, konnte ich nichts Besonderes feststellen, außer dass sie Zysten an den Eierstöcken hatte. Die habe ich behandelt, und nach einigen Tagen bildeten sich die Zysten zurück. Dem Tier ging es aber dennoch nicht besser, im Gegenteil, die Symptome wurden schlimmer. Es war unsicher auf den Beinen und es wirkte sehr unglücklich. Ich dachte, es könnte ein Gehirnabszess sein oder ein Tumor oder Magnesiummangel.»

Whitacker konnte der Kuh nicht mehr helfen, sie wurde notgeschlachtet und zu Tierfutter verarbeitet. Der Veterinär hatte den Vorfall schon fast vergessen, als Monate später, im Januar 1986, derselbe Bauer bei ihm anrief und erneut von einer Kuh berichtete, die ähnliche Symptome zeigte wie das Tier neun Monate zuvor. «Ich habe es mir angesehen und dachte mir wieder, es ist ein Gehirnabszess oder Magnesiummangel.»

Der Tierarzt geriet ins Grübeln. Zwei Gehirnabszesse bei Tieren einer Farm in nur wenigen Monaten? Ungewöhnlich zwar, aber nicht ausgeschlossen. Doch als wenige Tage später abermals derselbe Bauer eine weitere Kuh meldete, die sich nervös und aggressiv zeigte, wollte der erfahrene Veterinär an Zufall nicht mehr glauben. «Ich dachte darüber nach, ob wir es mit etwas Neuem zu tun hatten, aber ich konnte nichts Spezielles finden. Viele vermeintlich neue Symptome können schlichtweg Anzeichen bekannter Krankheiten in einem bestimmten Stadium sein. Aber dieses Krankheitsmuster war mir unbekannt und passte nicht zu den bekannten Mustern anderer Krankheiten.»

Whitacker ließen diese drei Fälle keine Ruhe mehr. Er entschloss sich, der Sache auf den Grund zu gehen und weiterzuforschen. Ein Spezialist nahm Blutproben der infizierten Kühe, um nach Auffälligkeiten zu suchen. Whitacker wendete eine Technik an, die als Differenzialdiagnostik bezeichnet wird. Dabei werden alle feststellbaren Symptome mit denen bekannter Krankheiten verglichen. Nur einige der neu aufgetretenen Symptome passten zu den 16 bekannten Befunden – von Bleivergiftung bis Tollwut –, die auf dem Untersuchungsbogen aufgelistet waren. Whitacker sah nicht genügend Übereinstimmungen und fügte deshalb eine neue Rubrik hinzu. Der Veterinär schrieb:

«Befund Nummer 17: ? Neues Scrapie-ähnliches Syndrom»

Der Veterinär hatte sich damit auf eine Krankheit festgelegt, die bei den Schafen seit Jahrhunderten bekannt war und dort immer wieder epidemisch ausbrach, bei Rindern bisher aber völlig unbekannt war. Whitacker befürchtete schon zu diesem Zeitpunkt, dass der Erreger vom Schaf auf das Rind übergesprungen war.

Doch Whitackers Vorgesetzte waren von dieser Einschätzung wenig angetan. «Ich wurde von ihnen angewiesen, nicht den Ausdruck ‹Scrapie-ähnliches Syndrom› zu verwenden und habe es dann einfach durchgestrichen auf dem Befund, den ich präsentiert hatte – ein schwarzer Strich, damit es nicht mehr gelesen werden konnte.»

Das war das erste Manöver – bezeichnend für die weitere Geschichte der BSE-Krise –, mit dem versucht wurde, den Dingen aus dem Weg zu gehen. Die Tierärzte hätten sich womöglich mit den Farmern in der Region angelegt und Unruhe unter den Züchtern gestiftet. Denn immerhin hatte Whitacker nahe gelegt, dass ein neues Krankheitsbild unter Kühen aufgetreten war, das mit einer Seuche unter Schafen in einem Zusammenhang stand.

Die Meldungen über rätselhafte Fälle einer neuen Rinderkrankheit häuften sich. Whitacker ließ nicht locker. Er schickte den Kopf eines infizierten Tieres ins staatliche veterinärmedizinische Labor nach Weybridge in der Nähe von London. Im November 1986 bekam Whitacker die Antwort: Das Labor bestätigte den ersten Fall einer «Bovinen Spongiformen Enzephalopathie», kurz BSE.

Erst ein Jahr später, am 31. Oktober 1987, erschien der erste Bericht über die neue Rinderkrankheit BSE in der Fachzeitschrift *The Veterinary Record*. Allerdings nahm die Presse von dem Artikel zunächst kaum Notiz. Die Krankheit war zu dem Zeitpunkt noch nicht einmal meldepflichtig. Die Regierung hatte auch noch keine vorbeugenden Maßnahmen ergriffen, das heißt, es gab keine Kontrolle darüber, was mit infizierten Tieren geschah, wohin sie verkauft wurden.

Die Seuche konnte sich somit weiter ungehindert ausbreiten, inzwischen wurden Fälle aus jedem Teil Englands, Schottlands,

Wales' und Nordirlands gemeldet. Ende des Jahres hatten Bauern aus unterschiedlichen Regionen 420 BSE-Fälle auf ihren Höfen gezählt, ein Jahr später wurden bereits 2185 BSE-Fälle bestätigt. Rinder mit offensichtlichen BSE-Symptomen mussten zwar geschlachtet werden und durften nicht in die Nahrungskette gelangen. Aber infizierte Rinder, die wegen der langen Inkubationszeit noch keine Symptome zeigten, gingen jahrelang komplett in die menschliche Nahrungskette ein. Rinderprodukte und Milch infizierter Tiere landeten auf den Tischen der Verbraucher. So vermuten Wissenschaftler, dass von acht erkrankten Tieren sieben gegessen wurden.*

Das Agrarministerium hatte es hier mit einem neuartigen tödlichen Erreger zu tun – ohne jede Chance einer Therapie –, über dessen Ursprung und Wirkung praktisch nichts bekannt war. Dennoch geschah anderthalb Jahre überhaupt nichts. Als sich die Regierung im Juli 1988 zu einem Verfütterungsverbot von Tiermehl aus Wiederkäuern für Wiederkäuer durchringen konnte und einen Monat später den Landwirten halbherzig eine 50-prozentige Entschädigung für die Beseitigung BSE-befallener Rinder anbot, war es praktisch schon zu spät.

Diese Fahrlässigkeit im Umgang mit der neu aufgetretenen Krankheit BSE war symptomatisch für das Handeln des damaligen britischen Agrarministeriums. Inzwischen hatte sich die Seuche so weit ausgebreitet, dass nur das Töten der gesamten Rinderpopulation Großbritanniens eine letzte Möglichkeit gewesen wäre, BSE zu besiegen oder zumindest drastisch einzudämmen. Indessen war das Ministerium nicht einmal bereit, die jeweilige Herde töten zu lassen, in der ein Fall von Rinderwahnsinn aufgetreten war. So haben die Verantwortlichen einem unbekannten und, wie schon damals zu vermuten war,

* So Stephen Dealler: Lethal Legacy, BSE: The Search for the Truth, London 1996

äußerst überlebensfähigen Erreger den Weg durch die Populationen bei Tier und Mensch ermöglicht.

Über die Motive des Agrarministeriums für dieses Verhalten kann nur spekuliert werden. Selbstverständlich lastete der ungeheure Druck ökonomischer Interessen auf der Regierung, und sicherlich sollten auch die konservativen Wählerschichten auf dem Land nicht durch unpopuläre Maßnahmen verschreckt werden.

Was ist Rinderwahn?

Ein englischer Journalist bezeichnete die neue Kuhkrankheit in einer Radiosendung zuerst als «Mad Cow Disease» – Rinderwahnsinn. Der Begriff wurde bald populär. Er erfasste kurz und knapp das, was die meisten Bauern und Tierärzte empfanden, die eine Kuh mit BSE erlebten. Die ansonsten friedlichen Rinder werden aggressiv. Im weiteren Krankheitsverlauf verschlimmern sich die Symptome. Die Rinder käuen nicht wieder, wirken mit der Zeit schreckhaft, der Gang wird unsicher, die Tiere können im letzten Stadium der Krankheit ihre Glieder nicht mehr kontrollieren; es schüttelt sie, sie wirken «verrückt». Die wissenschaftliche Bezeichnung Bovine Spongiforme Enzephalopathie heißt übersetzt so viel wie «schwammartige Gehirnerkrankung bei Rindern». Die Inkubationszeit beträgt zwischen anderthalb und sechs Jahren. Verursacht wird die Krankheit durch so genannte Prionen, Eiweiße, die sich in mutierter Form als Krankheitserreger massenweise im Hirn und Nervensystem der Tiere anlagern und zu der schwammartigen Veränderung des Hirns führen.

BSE-Chronik

1979: Das Produktionsverfahren in den britischen Tierkörperverwertungsanstalten wird geändert, die Temperatur bei der Kadaververbrennung auf 80 Grad gesenkt. Der tödliche BSE-Erreger überlebt die Prozedur künftig. Er wird über das Futter an die Tiere weitergegeben.

1985: Die ersten Fälle einer unbekannten Krankheit bei Rindern werden in einzelnen Grafschaften in Großbritannien gemeldet.

November 1986: Die Wissenschaftler am Central Veterinary Laboratory in Weybridge bei London bestätigen den Ausbruch der BSE. Es gibt erste Experimente zum Übertragungsweg.

Juni 1987: Die britische Regierung wird über die neue Krankheit informiert.

November 1987: Die Übertragung des Erregers auf Mäuse gelingt, damit muss mit einer Gefährdung des Menschen durch die BSE gerechnet werden.

April 1988: Die Southwood-Arbeitsgruppe wird gegründet. Sie soll eine Studie erarbeiten, die eine Gefährdung des Menschen durch den Erreger bewertet. BSE wird anzeigepflichtig.

August 1988: Der britische Landwirtschaftsminister John MacGregor verlangt, dass nur Rinder mit akuten BSE-Symptomen (Gleichgewichtsstörungen) getötet werden. Andere Tiere kommen in den Handel und werden verzehrt.

Oktober 1988: Die Southwood-Kommission bewertet in

einer Studie die Gefährdung des Menschen durch die BSE als gering, räumt aber ein, dass die Folgen sehr ernst sein könnten, falls man sich irren sollte.

Juli 1989: Die EU verhängt ein Exportverbot für Rinder, die vor 1988 geboren wurden oder bei denen der Verdacht auf BSE besteht.

1990: Der britische Landwirtschaftsminister John Gummer hat zu einer Pressekonferenz eingeladen und isst mit seiner vierjährigen Tochter Hamburger. Seine Botschaft an die Welt: «Britisches Rindfleisch ist sicher.»

Katzen erkranken am Rinderwahnsinn, und da sie stammesgeschichtlich weiter vom Rind entfernt sind als der Mensch, nimmt die Wahrscheinlichkeit einer Übertragung auf den Menschen zu.

Dezember 1990: In der Schweiz wird der erste Fall von Rinderwahnsinn bei einem heimischen Tier entdeckt.

Februar 1991: Frankreich meldet den ersten BSE-Fall.

November 1991: Fleisch und Knochenmehle aus potenziell belasteten Organen dürfen nicht mehr als Düngemittel über die Felder gestreut werden.

1992: Ein Farmer erkrankt an der Creutzfeldt-Jakob-Krankheit. Er hatte immer die Milch seiner BSE-kranken Kuh getrunken.

Deutschland meldet den ersten BSE-Fall eines Rindes, das aus Großbritannien exportiert worden war.

1993: In Berlin findet ein BSE-Kongress mit führenden Wissenschaftlern der ganzen Welt statt. Die meisten von ihnen schließen eine Gefährdung des Menschen durch BSE aus.

1994: Die 15-jährige Vickey Rimmer erkrankt an der Variante der Creutzfeldt-Jakob-Krankheit vCJK. Sie gehört zu den ersten Menschen, die sich mit der BSE infiziert hat. Dieser Fall und zehn weitere werden bis 1996 von der Regierung und den Wissenschaftlern geheim gehalten.

März 1994: In einer ARD-Dokumentation werden die Gefahren durch den Rinderwahnsinn beschrieben. Bundesgesundheitsminister Horst Seehofer warnt in diesem Beitrag vor der Übertragung auf den Menschen. Der Rindfleischabsatz geht darauf dramatisch zurück. Doch die EU weigert sich, der Forderung Deutschlands nach einem Exportverbot für britisches Rindfleisch nachzukommen.

Juni 1994: Das Verfüttern von Tiermehlen an Wiederkäuer wird in Großbritannien verboten.

1995: Stephen Churchill und Peter Hall sterben mit 19 und 20 Jahren an vCJK.

März 1996: Der britische Gesundheitsminister Stephen Dorrell gibt öffentlich zu, dass zehn Menschen an einer Variante der Creutzfeldt-Jakob-Krankheit gestorben sind. Als einzige Erklärung sieht er eine Übertragung durch BSE-verseuchte Rinderprodukte.

1996: Die EU verhängt ein totales Exportverbot für britische Rindfleischprodukte.

November 1996: Bundeslandwirtschaftsminister Jochen Borchert (CDU) verkündet, deutsches Rindfleisch sei sicher.

Februar 1997: Der BSE-Untersuchungsausschuss der EU

wirft dem EU-Ministerrat und Großbritannien schwere Versäumnisse beim Umgang mit der Rinderseuche vor.

Juli 1997: Fahnder entdecken den illegalen Export von zig Tonnen britischen Rindfleischs.

Dezember 1997: Der amerikanische Forscher Stanley Prusiner erhält den Nobelpreis für die Theorie über Prione, dem Krankheitserreger, der sowohl die Rinderseuche BSE als auch die Creutzfeldt-Jakob-Krankheit auslöst.

Juni 1999: Die EU bestätigt die Wirksamkeit von drei BSE-Schnelltests. Deutschland verzichtet weiter auf den Einsatz dieser Tests.

August 1999: Wegen der BSE-Gefahr werden in den USA und Kanada keine Blutspenden von Menschen mehr angenommen, die zwischen 1980 und 1997 sechs Monate oder länger in Großbritannien gelebt haben.

Oktober 2000: Die britische Regierung rechnet offiziell mit weit über hunderttausend Todesfällen durch verseuchtes BSE-Fleisch.

November 2000: In Deutschland wird der erste BSE-Fall bei einem einheimischen Rind durch den BSE-Schnelltest entdeckt. Die Kuh wurde 1996 in Schleswig-Holstein geboren, der Bauer gab an, niemals bewusst Tiermehl verfüttert zu haben.

Gesundheitsministerin Andrea Fischer und Landwirtschaftsminister Karl-Heinz Funke geraten zunehmend in die Kritik. Ihnen wird vorgeworfen, die BSE-Gefahr falsch eingeschätzt zu haben und die Krise nicht in den Griff zu bekommen.

9. Januar 2001: Gesundheitsministerin Andrea Fischer und

Landwirtschaftsminister Karl-Heinz Funke treten von ihren Ämtern zurück.

10. Januar 2001: Renate Künast (Die Grünen) wird als neue Ministerin für Landwirtschaft und Verbraucherschutz benannt, Ulla Schmidt (SPD) als neue Gesundheitsministerin.

Januar 2001: In regelmäßigen Abständen von wenigen Tagen werden weitere BSE-Verdachtsfälle gemeldet.

Der EU-Kommissar für Verbraucherfragen, David Byrne, befürchtet für Deutschland eine BSE-Epidemie vom selben Ausmaß wie in Großbritannien.

Alles im Futter? – Wie die Seuche übertragen wird

Es gibt inzwischen eine Reihe von Theorien über die Entstehung der BSE beim Rind. Alle haben eines gemeinsam: Es sind Vermutungen, die sich auf den zeitlichen Zusammenhang zwischen dem Ausbruch der Krankheit und verschiedener äußerer Einflüsse und Ereignisse beziehen. Denn die BSE ist eine Infektion, die in der Wissenschaft früher niemals beschrieben wurde und erstmals 1987 in einigen englischen Veterinärzeitschriften auftaucht. Bis heute sind die Experten davon überzeugt, dass die Futtermittel der entscheidende Faktor in der Infektionskette gewesen sind.

Der Ausgangspunkt der Seuche wäre also eine Tierkörperverwertungsanstalt gewesen. In diesen Fabriken zur Entsorgung toter Tiere und zur Herstellung von proteinreichen Futtermitteln liegt ein ständiger süßlicher Geruch in der Luft, der alles andere als angenehm ist. In ihnen kommt alles an und wird in riesigen Bottichen zerhäckselt und zusammengekocht, dehydriert und dann zu Mehl zermahlen, was einmal ein Tier war und sich zur Herstellung von menschlicher Nahrung aus den unterschiedlichsten Gründen nicht eignet. Wirklich alles, wie der *Stern* die Praxis in einer solchen Fabrik anschaulich beschrieb: «Knochen, Häute und Därme aus Metzgereien und Schlachthöfen. Verendete Schweine, Rinder und Schafe von Bauernhöfen und Mastbetrieben. Krepierte Hühner aus Legebatterien. Dazwischen ein krankes Reh, vom Jäger erschossen; auch all das, was der Tierarzt eingeschläfert hat, ist dabei: Reitpferd und Hund, Katze und Meerschweinchen. Selbst einige mit Chemie voll gepumpte Ratten aus den Versuchslabors. Und manchmal steckt sogar ein toter Affe oder ein lebloses Lama im Kadaverhaufen, ‹Abfall› vom Zoo.»*

Woran die Tiere verendet waren, interessierte damals in Großbritannien niemanden, schließlich galten die Verarbeitungsverfahren zur Herstellung von Futter für die noch lebenden Artgenossen als unbedenklich und sicher. Das heißt, mögliche Krankheitserreger starben ab. 1979 jedoch änderten die Futtermittelhersteller ihre Produktionsverfahren. Die Temperatur, mit der die Biomasse zusammengekocht wurde, wurde auf etwa 80 Grad gesenkt. Der Nutzen lag auf der Hand: Die wertvollen Proteine blieben besser erhalten und die Heizkosten wurden reduziert. Am Ende blieb einfach mehr in der Kasse. Was zu diesem Zeitpunkt allerdings niemand ahnte: Der Erreger der Scrapie bei Schafen wurde bei dieser Temperatur nicht mehr abgetötet und blieb aktiv. Und da in Großbritannien viele Schafe an Scrapie verenden, gelangte der Erreger so in die Futtertröge der Rinder. Als sechs Jahre später der Tierarzt Colin Whitacker die bis dahin unbekannten Krankheitssymptome dreier Rinder als «Scrapie-ähnliches Syndrom» definierte, wollten seine Kollegen und Vorgesetzten dies zunächst nicht glauben. Doch zum ersten Mal hatte jemand die Spur aufgenommen. Die Theorie der Übertragbarkeit von Scrapie über die Nahrung auf das Rind war unter anderem deshalb umstritten, weil die Scrapie beim Schaf seit über 200 Jahren bekannt war, ohne dass es jemals zuvor zu seuchenähnlichen Zuständen bei Rindern gekommen war. Die Krankheit galt als isoliert und nicht auf eine andere Spezies übertragbar. Jedoch hatten auch niemals zuvor Kühe gleichsam Schafe gefressen, wie das im Zuge der industrialisierten Rinderaufzucht durch die Fütterung mit Tiermehl nun geschehen war.

* Horst Güntheroth: «Tod aus dem Kadavermatsch», Stern, Nr. 49, vom 30. 11. 2000, S. 34 ff.

Fehler erkannt – Gefahr gebannt?

1988, also drei Jahre nachdem die ersten Rinder entdeckt worden waren, einigten sich die britischen Wissenschaftler auf die Theorie, dass die Erkrankung der Rinder über die Futtermittel erfolgt war. Vieles sprach für diese einfache Erklärung, und sie kam den Forschern zu diesem Zeitpunkt auch ganz gut zupass. Sie brauchten schnelle Ergebnisse, schließlich gab es 1988 bereits über 2000 erkrankte Rinder, und Politiker wie Verbraucher wurden allmählich unruhig. Außerdem versprach die Futtermitteltheorie eine schnelle Lösung des BSE-Problems: Eine Umstellung der Tiermehlfabriken, so wurde erwartet, würde die Epidemie in kurzer Zeit besiegen. Nach Ansicht vieler Experten war dem Problem damit in Rekordzeit beizukommen. Autoren eines wissenschaftlichen Fachblattes ließen sich damals, im Dezember 1988, dazu hinreißen, eine wahre Lobeshymne an die Adresse des Central Laboratory in Weybridge bei London zu veröffentlichen:

«Gratulation an die Gruppe des Central Veterinary Laboratory inklusive John Wilesmith für die Durchführung epidemiologischer Arbeit innerhalb eines Jahres und dafür, dass sie so viel über die neue Krankheit BSE herausgefunden haben. Die epidemiologische Arbeit weist darauf hin, dass die Krankheit durch Scrapie in Rinderfutter ausgelöst wird, welche über die Artenbarriere gesprungen ist, weil sie dort in hoher Konzentration vorhanden ist. Futter, das Tierkörperproteine enthält, wurde im Juli 1988 gestoppt, aber ein Absinken der Fälle sollte nicht vor 1992 erwartet werden. Optimistisch betrachtet, wird die Krankheit bis 1995 unbedeutend geworden sein.»*

1995 lag die Zahl der offiziell registrierten BSE-Fälle in Großbritannien bei fast 15 000. Es war der fünftgrößte Wert seit Aus-

* Zitiert nach Stephen Dealler: Lethal Legacy, BSE: The search for the truth, London 1996, S. 34

bruch der Epidemie 1985, und dennoch behielten die Forscher mit einer Vorhersage Recht: Die Zahl der amtlich ermittelten BSE-Fälle ging 1995 zum ersten Mal deutlich zurück. Vermutlich haben zwei Maßnahmen zu dem Rückgang beigetragen: 1988 wurde die Verfütterung von Rinder- und Schafskadavern an Wiederkäuer verboten, und 1990 verhängte die EU ein totales Verfütterungsverbot für Tiermehle an Rinder. Hinzu kam, dass in Großbritannien vier Millionen Rinder getötet wurden, die über 30 Monate alt waren und damit rein statistisch das größte Risiko darstellten.

Seither sind sich die meisten Wissenschaftler weltweit einig, dass die seuchenartige Verbreitung der BSE in Großbritannien auf das Tierfutter zurückzuführen ist. Als die für Rinder nun verbotenen Tiermehle alternativ Zootieren zum Fressen gegeben wurden, erkrankten Tiere aus 17 verschiedenen Arten – ein weiteres wichtiges Indiz für die Übertragung der Seuche durch das Futter. Dennoch ist höchst zweifelhaft, dass die Seuche durch Verfütterungsverbote von Tiermehl vollständig zu stoppen sein wird. Vielmehr sind die meisten Wissenschaftler inzwischen davon überzeugt, dass der Erreger sich vom Futter unabhängig gemacht und andere Übertragungswege gefunden hat.

Und auch die Theorie, dass es Scrapie-Erreger waren, die über das Tiermehl die BSE auslösten, ist mittlerweile nachhaltig erschüttert. Neuere Versuche haben erbracht, dass Rinder, die mit einer hohen Dosis von Scrapie des Schafes infiziert wurden, andere Symptome der Krankheit entwickelten, als das bei der bekannten BSE-Infektion der Fall ist. Und somit kommen die Forscher zu folgendem Schluss: «Die Annahme, dass BSE primär aus der Verfütterung von Schafsmehl bei den Rindern entstanden ist, muss falsch sein.» *

* Adriano Aguzzi: Wie gefährlich ist der Rinderwahnsinn? Eine Risiko-Abschätzung, in: http://www.bvet.admin.ch/tiergesundheit/d/ausbild_beratung/tierseuchen/bse/wissenschaft/aguzzi.hmtl

Insofern könnte eine ganz andere Theorie Nahrung erhalten: dass es sich nämlich bei der BSE um eine Krankheit handelt, die ähnlich wie die klassische Form der Creutzfeldt-Jakob-Krankheit beim Menschen schon immer beim Rind aufgetreten ist. Da diese Prionen-Erkrankung nur äußerst schwierig übertragbar war, blieb sie auf wenige Tiere beschränkt. Möglicherweise ist nun eine solche «klassisch» infizierte BSE-Kuh in die Tierkörperverwertung gekommen und die infektiösen Proteine wurden bei den geringen Verbrennungstemperaturen nicht abgetötet. In diesem Fall hat dann Kannibalismus stattgefunden: Rind fraß Rind. Und oral aufgenommen ist der Erreger extrem ansteckend. Im Laufe der Jahre erkrankten dann weitere Rinder im ganzen Land, und auch diese wurden in die Schredderanlagen der Tiermehlfabriken geschickt: So könnte der BSE-Erreger in unzählige Futtertröge Großbritanniens gelangt sein. Als die Epidemie 1989 auffiel, war es dieser Theorie zufolge wohl schon zu spät, denn Hunderttausende Rinder hatten den Erreger bereits aufgenommen.

Maternale Übertragung

Kann der BSE-Erreger von der Mutterkuh auf das Kalb übertragen werden? – Eine nahe liegende Frage. Um diese Möglichkeit der so genannten maternalen Übertragung zu erforschen, wurde Anfang der 90er-Jahre vom Central Veterinary Laboratory in Weybridge ein Versuch im Auftrag des britischen Landwirtschaftsministeriums gestartet. Zu diesem Zweck wurden 315 Kälber aus BSE-Herden und 315 Kälber aus Herden, in denen es keinen Fall von Rinderwahnsinn gab, über Jahre unter Beobachtung gestellt. Der Versuch wurde verschlüsselt durchgeführt, um Manipulationen zu verhindern. Erst gegen Ende des

Versuchs sollte entschlüsselt werden, welche Kälber zu welcher Muttergruppe gehörten. Im Dezember 1996 hätte der Versuch abgeschlossen, hätten die Ergebnisse ausgewertet werden sollen. Das Resultat hätte Aufschluss darüber geben sollen, ob die Übertragung von der Mutterkuh aufs Kalb möglich ist oder nicht. Noch während der Versuch lief, erkrankten 55 Kälber und starben zwischenzeitlich an den Folgen des Rinderwahnsinns, deutlich überwiegend aus der Gruppe von Kälbern mit BSE-Mutterkühen. Das deutete darauf hin, dass die maternale Übertragung möglich ist: dass nämlich eine unbestimmbare Zahl von Tieren den Erreger in sich trägt, ohne jemals kontaminiertes Tierfutter gefressen zu haben. Wäre maternale Übertragung möglich, so würde dies die Rinderzüchter freilich vor weitere, kaum lösbare Probleme stellen. Denn kein britisches Rind, kein französisches Rind und inzwischen auch kein deutsches Rind wäre dann mehr als garantiert BSE-frei deklarierbar.

Der Versuch wurde von den Briten indessen vorzeitig und ohne offizielles Ergebnis abgebrochen. Die Ergebnisse wären, wie die britischen Forscher gegenüber deutschen Kollegen erklärten, wenig aussagekräftig gewesen, da Fehler gemacht worden seien. Es sei nämlich, so habe man entdeckt, nicht mit völliger Sicherheit auszuschließen gewesen, dass die erkrankten Kälber beider Gruppen in der Zeit vor dem Versuch mit Tierkörpermehlen gefüttert worden waren, in denen der BSE-Erreger steckte.

Damit war der europaweit bisher einzige Versuch gestoppt, der eine Schlussfolgerung in die eine oder andere Richtung möglich gemacht hätte; er wäre für eine Abschätzung des weiteren Verlaufs der Seuche und die Planung von Gegenmaßnahmen höchst bedeutsam gewesen. Freilich hätte ein Beweis der maternalen Übertragung, wenn auch nur in Einzelfällen, zum damaligen Zeitpunkt den Export britischer Kälber nach Kontinentaleuropa vollständig zum Erliegen gebracht. So konnten weitere Jungtiere unter sechs Monaten die Reise in die EU antreten.

Inzwischen haben die britischen Veterinäre ihren Versuch noch einmal überdacht und schließen nun die Möglichkeit der Übertragung von der infizierten Mutterkuh aufs Kalb nicht mehr aus. Allerdings geschehe das in höchstens einem Prozent der Fälle. Die Übertragung könnte über die Plazenta, die Nabelschnur oder auch über die Milch erfolgen.

In der Schweiz wurden die Gehirne von Kälbern untersucht, deren Mütter wegen einer BSE-Infektion getötet werden mussten. In keinem der Fälle wurden Prionen gefunden. Für die Schweizer Wissenschaftler ist das eher ein Beleg dafür, dass eine maternale Übertragung nicht stattfindet. Sie räumen aber ein, dass möglicherweise die Nachweisverfahren nicht sensibel genug messen. Denn die meisten dieser Rinder, die von einer BSE-Mutter stammten, waren jünger als 30 Monate. In diesem Alter ist ein etwaiger Erreger in den allermeisten Fällen erst in solch geringen Konzentrationen vorhanden, dass sie unter der Nachweisgrenze liegen.

Inzwischen wird auch in Deutschland der Frage nachgegangen, ob die BSE von der Mutterkuh auf das Kalb übertragen werden kann. Die diesbezüglichen Hoffnungen ruhen, wie einer Meldung der Deutschen Presseagentur vom 22. Dezember 2000 zu entnehmen ist, auf dem Kalb «Otto» und der Bundesanstalt für Fleischforschung. Otto entstammt einer an BSE erkrankten Kuh aus Bayern und stand zuvor in einem Stall in Bad Salzuflen bei Bielefeld in Nordrhein-Westfalen. Von dort wurde der Bulle auf die Insel Riems in Mecklenburg-Vorpommern gebracht, wo das Institut für Virusdiagnostik der Bundesanstalt angesiedelt ist. Und hier hat Otto nun nichts weiter zu tun, als herumzustehen, Gras zu fressen und den Forschern eventuell durch sein Verhalten die Frage zu beantworten, ob die BSE von der Mutterkuh auf das Kalb übertragen werden kann.

Milchaustauscher

Der Deutsche Bauernverband und mit ihm die deutschen Viehzüchter wussten lange so gut wie nichts über den Rinderwahnsinn, über dessen Verbreitung und über die Gefahren von der BSE für den Menschen, eines aber wussten sie immer ganz genau: Tiermehle werden nicht an deutsche Rinder verfüttert. Und somit schlossen sie getrost über ein Jahrzehnt hinweg Infektionsgefahren für diese Rinder aus. Der breiten Öffentlichkeit wurde allerdings verschwiegen, dass Tiermehle auch in so genannten Milchaustauschern enthalten sind, mit denen die Kälber hochgepäppelt werden. Es handelt sich dabei um einen Mix aus Trockenmagermilchprodukten, zugesetzten Vitaminen und tierischen Fetten, unter anderem Schweineschmalz und Rindertalg. Die Fette kamen in der Regel aus Tierkörperbeseitigungsanstalten. Dieses industriell gefertigte Pulver ist wesentlicher Bestandteil bei der Aufzucht der Kälber. Denn so, wie es die Natur einmal vorgesehen hatte, dass nämlich das Kalb am Euter der Kuh groß und stark wird, findet es längst nicht mehr statt. Die Kuhmilch ist viel mehr für den Menschen und damit für den Verkauf gedacht. Schließlich spart man durch den Einsatz von Milchaustauschern pro Kalb 400 bis 500 Liter Milch. «Die Ernährung von Kälbern mit Vollmilch ist absolut praxisfremd. Das kostet enormes Geld», zitiert die *Süddeutsche Zeitung* dazu einen Sprecher des Bauernverbandes. *

Wie bei allen Produkten vom und fürs Rind, herrscht auch in diesem Fall ein umfangreicher Warenverkehr in Europa. Niemand kann ganz genau sagen, was von wem dem Futter beigemischt wurde. Schlaglichtartig wurde dies deutlich, nachdem am 24. November 2000 das erste deutsche BSE-Rind in Schles-

* «Ernährung von Kälbern mit Milch ist praxisfremd», Süddeutsche Zeitung vom 7. 12. 2000

wig-Holstein entdeckt worden war. Als bekannt wurde, dass der Landwirt 1995 200 Kilogramm Milchaustauscher aus den Niederlanden bezogen hatte, begann eine akribische Spurensuche nach den Bestandteilen. Nach einer genauen Prüfung hielt man die Zutaten des Futters in diesem Fall allerdings für unbedenklich.

Mit dem Tiermehlverfütterungsverbot wurde auch der Einsatz tierischer Fette in Milchaustauschern untersagt. Diese müssen jetzt durch pflanzliche Fette ersetzt werden. Sehr zum Ärger der Landwirte, die den Hungertod der etwa 300 000 Kälber befürchteten. Die Idee, ihnen wieder die natürliche Kuhmilch zukommen zu lassen, lag ihnen fern. Schließlich, so ein Kälberzüchter, führe dies zu Verdauungsproblemen bei den Kälbern.

Bis heute ist nicht zweifelsfrei geklärt, ob der BSE-Erreger auch über die Milchaustauscher in die Kälber gelangen könnte. Sollte sich das allerdings irgendwann als möglich herausstellen, dann könnte sich eine weitere Entscheidung der Politiker als fatal erweisen: Denn über Jahre galt der Verzehr von Kalbfleisch für den Verbraucher als unbedenklich. Und deshalb war auch, als für Rinder aus Großbritannien längst ein Exportverbot bestand, der Verkauf der Kälber weiter möglich. In Spitzenzeiten wurden bis zu 400 000 von ihnen pro Jahr aufs europäische Festland gebracht.

Rinderwahnsinn durch Düngemittel?

Bis Anfang der 90er-Jahre wurden in Großbritannien potenziell hoch infektiöse Innereien der BSE-Rinder zu Düngemitteln verarbeitet. Erst im November 1991 wurden Bestimmungen erlassen, die eine Verwendung des Fleisch- und Knochenmehls zur

Produktion von Düngemitteln untersagten. Ein Verbot, das möglicherweise zu spät kam: Denn Versuche mit Scrapie-Schafen haben gezeigt, dass der Erreger dieser Krankheit über viele Jahre hinweg infektiös bleibt. Er überstand Hitze genauso problemlos wie Kälte bis 20 Grad minus. Von den Schafen wird der Erreger beim Grasen auf verseuchten Weiden aufgenommen.* Zudem scheiden die Schafe den Erreger auch wieder aus. Auch hierdurch könnte es zu einer Verseuchung der Böden in England gekommen sein. Eine Übertragung des Erregers beim Weiden der Rinder – entweder durch ausgestreuten Dünger oder durch Exkremente der Schafe – kann also nicht ausgeschlossen werden.

Schließlich treten immer wieder Fälle auf, die mit einer Verfütterung der Tiermehle alleine nicht zu erklären sind. So war es zum Beispiel schon Ende der 80er-Jahre im Falle erkrankter Rinder, die von der britischen Tierärztin Marion Winter betreut wurden. Sie arbeitete in der Grafschaft Surrey und bemerkte, dass ein großer Teil ihrer Herden BSE entwickelte. Bis zum Juni 1988 hatte es 14 Fälle gegeben, der Durchschnitt auf anderen Bauernhöfen lag bei ein oder zwei Fällen. Die Zahl der Erkrankungen stieg auf 60 bis 80 Fälle im Jahre 1989. Der Grund für die Erkrankungen war unklar. Die Tierärztin war sich sicher, dass kein tierisches Protein in den vergangenen fünf Jahren verfüttert worden war, weder an Kälber noch an Kühe, und es gab keinen direkten Kontakt mit Schafen. Marion Winter erhielt bald Besuch von Vertretern des britischen Agrarministeriums. Dort interessierte man sich für die Vorgänge in der Grafschaft Surrey. Die Herren vom Ministerium bekamen alle Informationen, die sie brauchten, und gaben der Tierärztin den Hinweis:

* Vgl. P. A. Palsson: Rida in Iceland and its epidemiology, in: S. B. Prusiner and W. J. Hadlow, eds.: Slow transmissible Disease of the Nervous System. Academic Press New York, Vol. 1, 1979, S. 357–366.

Es sei besser, wenn sie ihr Wissen für sich behalte und nicht an die Presse weitergebe.*

Es scheint heute nur eines völlig klar zu sein: Der Erreger wird mit dem Dünger auch über die Felder gestreut. Fraglich ist allerdings, ob dies zu einer Gefährdung von Mensch und Tier führt. Da aber auch hier niemand diese Gefährdung auf Dauer ausschließen kann, liegt es eigentlich auf der Hand, die Düngung der Böden mit möglicherweise infektiösen Tiermehlen nicht mehr zuzulassen.

Chemische Keule

Verseuchte Tiermehle aus Großbritannien sind über Jahre hinweg in die meisten Länder der EU geliefert worden, und dennoch sind dort bisher weit weniger Rinder erkrankt als auf der Insel. So importierte allein Frankreich zwischen 1992 und 1996 rund 70000 Tonnen britischer Tierkörpermehle, doch der Anteil der BSE-Rinder beträgt dort nur 0,2 Prozent. 99 Prozent aller Rinder erkrankten in Großbritannien. Ein Verhältnis, das nicht stimmen kann, wenn Tiermehle als alleinige Ursache für die Infektion gelten sollen. Das wirft die Frage auf, ob die Anzahl der BSE-Rinder in Frankreich sehr viel höher war, als bisher angenommen – oder ob es in Großbritannien möglicherweise noch einen anderen Faktor gab, der die Infektion begünstigt hat.

Wissenschaftler schließen nicht aus, dass ein Schädlingsbekämpfungsmittel dieser Faktor gewesen sein könnte. Dieses Schädlingsbekämpfungsmittel wurde eingesetzt, um die Rinder vor der Dasselfliege zu schützen, einem gefürchteten Parasiten

* Nach: Stephen Dealler: Lethal Legacy, a.a.O., S. 51

auf den Britischen Inseln, der sich unter die Haut von Rindern und Schafen setzt. Dabei entstehen Schäden an der Haut der Tiere, die eine Verarbeitung nach der Schlachtung unmöglich machen. Dieses Schädlingsbekämpfungsmittel, das über Jahre in Großbritannien eingesetzt wurde, ist mittlerweile vom Markt verschwunden.

All solcher Möglichkeiten ungeachtet blieb über Jahre hinweg allein die Theorie der kontaminierten Tiermehle Grundlage der britischen Seuchenbekämpfungspolitik. Die systematische Suche nach einer zusätzlichen Erklärung für die spezifisch britische Situation hätte die Bevölkerung in große Unruhe versetzt und zu einer weiteren Verschärfung der Isolation Großbritanniens führen können. Insofern war diese Ein-Faktor-Theorie letztlich das geringste Übel. Auch dieser Umstand zeigt, was die Seuche so unkontrollierbar und gefährlich gemacht hat. Es wurde immer nur öffentlich eingeräumt, was schlechterdings nicht mehr zu bestreiten war. Eine Politik der Verharmlosung, die es auch in Deutschland gab.

Wie haben sich die deutschen Rinder angesteckt?

In Deutschland, das haben die Politiker immer versichert, könne BSE bei Rindern, die im Land gezüchtet, geboren und aufgewachsen sind, nicht auftreten. Denn hier werden die Tiermehle, die an Fleisch fressende Tiere verfüttert werden, schon länger mit dem Aufwand produziert, wie ihn die EU erst seit 1997 verbindlich vorschreibt: Unter einem Druck von drei Bar wird der Tierkörperbrei 20 Minuten lang bei 133 Grad erhitzt, was zum Absterben der meisten Prionen führt. Und Rinder würden zudem ohnehin nur mit pflanzlichem Futter versorgt. Also sah man keinen Grund, auch nur anzunehmen, dass Deutschlands

Rinder an der BSE erkranken könnten. Das Trugbild zerplatzte, als bei dem Landwirt Peter Lorenzen aus Hörsten in Schleswig-Holstein das erste Rind positiv getestet wurde.

Den Wissenschaftlern, die sich sofort an die Untersuchung machten, gab der Fall Rätsel auf. Denn der Landwirt versicherte, seinen Tieren niemals Kadavermehle gegeben zu haben. Und auch die bayerischen BSE-Kühe, die wenig später entdeckt wurden, sollen lediglich pflanzliches Futter bekommen haben. Wenn dem so wäre, dann gäbe es einen bisher unbekannten Übertragungsweg – oder das angeblich rein pflanzliche Futter enthielt dennoch tierische Anteile.

Produktion und Verbrauch von Tiermehl 2000 *Angaben in Tonnen*

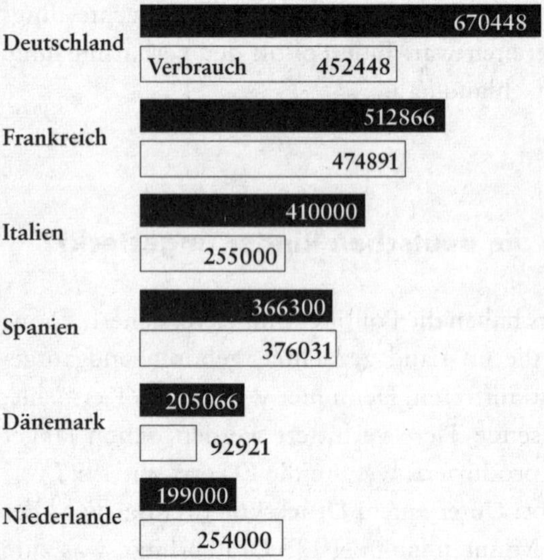

Quelle: BML

Und dies ist nicht auszuschließen, wie sich bald herausstellte, nachdem man sich endlich dafür interessierte: Denn das vegetarische Mischfutter für die Rinder wird bei der industriellen Großfertigung zumeist in denselben Anlagen zusammengemixt, in denen auch die Tierkörpermehle verarbeitet werden. Und diese Anlagen lassen sich beim Produktionswechsel nicht zureichend reinigen, es bleiben immer Reste zurück. Warum das so ist, beschreibt das Branchenblatt *Kraftfutter*: «Die Innenreinigung von Anlagenteilen ist ein sehr schwieriges Thema in der Mischfutterindustrie und nicht leicht durchführbar. Die Ursachen liegen in der begrenzten Zahl der Mitarbeiter, der hohen Erwartung an kurzzeitig verfügbare Futtermittel in großen Mengen und dem häufigen Einsatz von normalem Stahl für Behälter und Trichter. Reinigung mit Wasser ist, wie in der Lebensmittelbranche üblich, daher nicht einfach möglich.»*

Mit anderen Worten: Auch das vegetarische Mischfutter enthält häufig Beimischungen tierischer Eiweiße. Stichproben ergaben für das Rinderfutter Werte bis zu einem Prozent. Und die Herkunftsorte dieser Tiermehle waren lange Zeit so vielfältig wie eben die Landkarte Europas – das Gleiche gilt für die Standards, nach denen sie bis vor einigen Jahren produziert wurden. So hat Deutschland nach einem Bericht der EU vom August 2000 allein zwischen 1987 und 1989 rund 1200 Tonnen verseuchte Tiermehle aus Großbritannien importiert, dazu kamen jährlich bis zu 17000 Tonnen Tiermehle aus Ländern, die Fälle von BSE hatten.

Gut möglich, dass es dabei zu Kontaminationen mit dem BSE-Erreger gekommen ist. Das bedeutet freilich, dass schon geringe Mengen verseuchten Tiermehls bei den Rindern ausgereicht haben müssen, um eine Infektion hervorzurufen.

Der Landwirt Peter Lorenzen hatte 170 Rinder im Stall. Alle haben dasselbe Futter bekommen. Doch nur ein Rind war BSE-positiv. Warum? Hatte diese Kuh genetische Besonderheiten, die

* Zitiert nach: Horst Güntheroth: «Tod aus dem Kadavermatsch», a. a. O., S. 36

sie anfälliger machte als die anderen? Oder hätten im Laufe der Zeit auch noch andere Tiere der Herde die Krankheit entwickelt? Und hätte man dann statistische Rückschlüsse daraus ziehen können, wie weit die Seuche schon verbreitet ist? – Fragen, auf die es keine Antworten mehr geben wird, da – wie auch in den folgenden Fällen – die gesamte Herde sofort getötet wurde. Eine verpasste Chance für die Wissenschaft.

Vertuschen und Verzögern – BSE in Europa

«Wir müssen kühl bleiben, um keine ungünstigen Reaktionen für den Markt zu provozieren. Nicht mehr über BSE sprechen. Das Thema sollte nicht mehr auf der Tagesordnung auftauchen.» Dieser Aktenvermerk aus dem Jahr 1990, der auf Äußerungen eines Vertreters der EU-Kommission in der Sitzung des Veterinärausschusses vom 12. Oktober desselben Jahres zurückgeht, ist symptomatisch für die Art, wie man in Europa das Thema Rinderseuche behandelt hat. Lange Zeit – und der Eindruck drängt sich mitunter auch heute noch auf – setzten die Politiker in Brüssel den freien innergemeinschaftlichen Warenverkehr weit über den Verbraucherschutz. Gesteuerte Forschung, halbherzige Regeln bei der Entfernung von Risikomaterialien, laxe Kontrollen bei der Überwachung der britischen Schlachthöfe, ständig modifizierte Exportverbote für Rindfleisch und einzelne Rinderprodukte aus Großbritannien sowie nicht zuletzt illegale Fleisch- und Tiermehltransporte ermöglichten es der Seuche, sich vom Vereinigten Königreich aus in ganz Europa zu verbreiten.

Erst als die Briten selbst eingestehen mussten, dass es einen Zusammenhang zwischen BSE und der tödlich verlaufenden neuen Variante der Creutzfeldt-Jakob-Krankheit beim Menschen gibt, entschloss sich Brüssel zu einem kategorischen Bann für britisches Beef. Das war im März 1996, elf Jahre nachdem die erste englische Kuh mit Rinderwahn entdeckt worden war. Dass dieses Exportverbot um Jahre zu spät kam, stellte ein knappes Jahr später auch der BSE-Untersuchungsausschuss des Europaparlaments fest.

Lange spielte Brüssel die BSE-Gefahr herunter. Doch auch die meisten europäischen Mitgliedstaaten, allen voran Großbritannien, posaunten in regelmäßigen Abständen das beliebte Credo «Unser Rindfleisch ist sicher» heraus. Politische Maßnahmen wurden immer erst dann in Gang gesetzt, wenn die Faktenlage die Politiker unter Zugzwang setzte. In Deutschland war das nicht anders. So weigerte sich Ex-Bundeslandwirtschaftsminister Karl-Heinz Funke (SPD) noch im Juni 2000, einer wichtigen Maßnahme für den Verbraucherschutz zuzustimmen: der Entfernung von Risikomaterialien aus geschlachteten Rindern, Ziegen und Schafen aus der Nahrungs- und Futtermittelkette. In der Sitzung des Agrarministerrats Mitte Juni 2000 in Luxemburg enthielt sich Funke der Stimme. Dennoch kam die Entscheidung D 2000/418/EC zustande. Sie sieht vor, dass seit dem 1. Oktober 2000 alle europäischen Länder genau festgelegte Risikomaterialien wie Hirn und Augen beim Schlachten entfernen und vernichten müssen. Das Ringen um ein Verarbeitungsverbot dieser Rinder-, Ziegen- und Schafprodukte, in denen sich bis zu 95 Prozent der BSE- und Scrapie-Erreger befinden können, hatte länger als drei Jahre gedauert.

Großbritannien – Vertuschung von Anfang an

Sie haben verharmlost und verzögert. Sie haben wichtige Befunde nur mit großer Verspätung weitergeleitet. Sie haben sinnvolle Maßnahmen getroffen, doch jeweils zu spät. Das Urteil des BSE-Untersuchungsausschusses fällt nicht gut aus für die britische Politik. Zweieinhalb Jahre hat die von Premier Tony Blair eingesetzte Kommission unter Leitung des Juristen Lord Phillips gebraucht, um die Geschichte der Verbreitung des Rinderwahnsinns und die diesbezüglichen Gegenmaßnahmen der konservativen Regierungen Thatcher und Major zu untersuchen. Im Oktober 2000 wurden die Ergebnisse der unabhängigen Kommission veröffentlicht. Es ist eine 4000 Seiten starke Anklage, nachzulesen in 16 Bänden. Den Regierungsorganen in Großbritannien werden Koordinationsmängel und Unterlassungssünden im Umgang mit der Seuche vorgeworfen. Am Ende des Berichts werden unter dem Stichwort «Individual criticism» sogar einzelne Minister und Beamte namhaft gemacht und mit konkreten Vorwürfen konfrontiert. Dennoch kommt Lord Phillips of Worth Matravers bei der Präsentation des Berichts in London im Oktober 2000 zu einer erstaunlichen Schlussfolgerung: Er sei überzeugt, so Phillips, dass die getadelten Personen angesichts des damaligen Wissensstands der Forschung nach bestem Wissen und Gewissen gehandelt hätten. Die Regierung hätte zwar verharmlost, aber niemals bewusst gelogen. Das Versagen der Regierungsstellen in Sachen BSE sei letztlich auf «Überarbeitung» zurückzuführen.

Die Verschleierungstaktik beginnt bereits mit den ersten offiziellen englischen BSE-Rindern. Eine Milchkuh aus der südenglischen Grafschaft Kent, verendet am 11. Februar 1985 laut Angabe des Veterinärs Colin Whitacker auf dem Untersuchungsbogen an folgender Krankheit: «Befund Nr. 17: ? Neues Scrapie-ähnliches Syndrom». Whitacker wird von seinen Vorgesetzten angewiesen, diese Diagnose auf dem Untersuchungsbogen wieder zu tilgen. «Ich habe es einfach wieder durchgestrichen auf dem Befund, den ich präsentiert hatte – ein schwarzer Strich, damit es nicht mehr gelesen werden konnte», berichtet der Veterinär. So wurde ein neues Krankheitsbild, das später unter dem griffigen Kürzel BSE bekannt werden sollte, kurzerhand eliminiert. Erst ein Jahr später werden in Großbritannien die ersten Fälle von Rinderwahn offiziell festgestellt. Im Jahr darauf, 1987, registriert man bereits mehr als 400 BSE-Rinder.

Doch erst jetzt, im Juni 1987, wird die britische Regierung über die neue unerklärliche Krankheit informiert. Fünf Monate später erscheint im *Veterinary Record* der erste Artikel über die Bovine Spongiforme Enzephalopathie, der die Symptome der neuen Rinderseuche beschreibt.

1988, als es BSE schon mindestens drei Jahre in Großbritannien gibt, werden die ersten Gesetze zur Bekämpfung der Krankheit erlassen. Jetzt erst wird BSE meldepflichtig. Nach weiteren zwei Monaten verfügt London im August die Notschlachtung und Vernichtung infizierter Tiere – nicht jedoch der kompletten Herde, aus der die BSE-Kühe stammen. Der damals amtierende Landwirtschaftsminister John MacGregor ordnet außerdem an, dass nur Rinder mit «akuten BSE-Syndromen» geschlachtet werden sollen. So kommt das Fleisch aller anderen an BSE erkrankten Kühe weiterhin in den Handel.

Eine andere, ebenfalls 1988 getroffene Maßnahme betrifft die Futtermittel. Am 14. Juni erlässt die britische Regierung ein Verbot der Verfütterung von Tiermehl aus Wiederkäuern an Wiederkäuer. Hintergrund sind epidemiologische Untersuchungen aus dem Jahr 1987, die infektiöses Fleisch- und Knochenmehl als Krankheitsauslöser für BSE orten. Das Verbot der Tiermehlfütterung wird allerdings kaum eingehalten. Hinzu kommt, dass mit In-Kraft-Treten des Tiermehlverbots die britische Fleischmehlindustrie nach neuen Absatzkanälen sucht: Sie wirft – rechtlich einwandfrei – ab 1988 ihr im Heimatland verschmähtes Produkt zu Billigstpreisen auf den Weltmarkt. Hunderttausende von Tonnen Tiermehl werden nach Belgien, Holland, in den Nahen Osten und nach Südafrika exportiert. Allein Frankreich kauft zwischen 1988 und 1990 mehr als 15 000 Tonnen Tierkadaverfutter in Großbritannien ein. Die importierte Menge zwischen 1985 und 1995 dürfte sich auf etwa 60 000 Tonnen Tiermehl summieren – Importe über Drittländer noch nicht mitgerechnet.

Im November 1989 entschließt sich die britische Regierung – zusätzlich zu einem bereits verfügten Massenschlachtprogramm für alle suspekten Rinder –, spezielle Innereien wie Hirn und Milz, die sich im Tierversuch als besonders infektiös erwiesen hatten, aus der Nahrungsmittelkette für den Menschen zu entfernen. Diese Regelung gilt für Rinder, die älter als sechs Monate sind. Doch auch diesmal beschränken sich die Briten mit ihrer Maßnahme auf sich allein: Der Export von Rinderdärmen, Rückenmark, Hirn und Thymus in andere europäische Länder wird erst im Juli 1990 verboten – auf Druck des Auslands.

Im Januar desselben Jahres stellt sich der britische Landwirtschaftsminister John Gummer mit seiner vierjährigen Tochter Cordelia, die lustlos an einem Hamburger kaut, vor die Presse und verkündet: «Unser Fleisch ist sicher. Meine eigene Familie isst Fleisch, und dies macht mir keine Sorgen.» Zu diesem Zeitpunkt haben die USA nicht nur längst ein Importverbot für britisches Rindfleisch erlassen, sondern auch die Einfuhr von Embryonen und Sperma britischer Rinder verboten. Auf der Insel zählt man offiziell bereits 9046 BSE-Fälle. Wahrscheinlich liegt die tatsächliche Rate der infizierten Rinder sehr viel höher: Denn zwischen August 1988 und Februar 1990 zahlt die Regierung den betroffenen Bauern nur eine 50-prozentige Kompensation für notgeschlachtete BSE-Kühe. Der finanzielle Anreiz, offensichtlich torkelnde Rinder dennoch zum Schlachthof zu führen, war für die britischen Bauern also enorm. Die *Sunday Times* zitiert eine Zahl aus Regierungsdokumenten, wonach aufgrund dieser niedrigen Entschädigungsregelung eine Million BSE-Rinder in die Nahrungskette gelangten.

Im März 1991 kommt es zu einer Erkrankung, die es nach offiziellen wissenschaftlichen Erkenntnissen gar nicht hätte geben dürfen: Erstmals bekommt eine britische Kuh BSE, die nach dem Verbot der Tiermehlfütterung geboren wurde und damit eigentlich nicht über die Nahrung infiziert sein konnte. Statt auch über andere Übertragungswege nachzudenken, kommt die britische Regierung allerdings nur zu dem Schluss, dass wohl das Verfütterungsverbot für Tiermehl nicht streng genug eingehalten wurde. Begünstigt werden solche eindimensionalen Erklärungsversuche durch die unglückselige Beschränkung der Forschung: So dürfen Wissenschaftler, die in den den Ministerien angegliederten Forschungsinstituten arbeiten, nicht frei veröffentlichen. Nur diese Institute aber verfügen über alle BSE-relevanten Daten. Als Reaktion auf das kranke Rind dürfen ab November 1991 keine Fleisch- und Knochenmehle aus möglicherweise besonders belasteten Rinderorganen als Düngemittel mehr über die Felder verstreut werden. Man befürchtet, dass sich Rinder über das Gras dieser Wiesen infizieren könnten. Eine Gefahr durch BSE für den Menschen schließt London dagegen aus.

1992 erreicht die Seuche ihren Höhepunkt: Jeden Monat sterben mehr als 2500 Rinder in Großbritannien an BSE. Am Jahresende sind es insgesamt 37 300. Der Mikrobiologe Dr. Harash Narang entwickelt in dieser Zeit einen ersten BSE-Früherkennungstest für Rinder. Zunächst streicht man ihm die Forschungsgelder, zwei Jahre später verliert er seine Stelle. Auf die Frage eines Journalisten, warum man Narangs Test nicht für jedes Schlachtrind anwende, antwortet der Chefveterinär der britischen Regierung, Keith Meldrum: «Warum sollten wir. Die Tiere, die in den Schlachthof kommen, sind zu dieser Zeit völlig gesund.»* Der Chefveterinär macht sich auch persönlich für britisches Beef stark. «Rindfleisch ist ungefährlich. Meine Familie und ich essen oft Beefsteak», beteuert Meldrum Ende 1994. Wenig später fertigen Wissenschaftler einen geheimen Be-

* Zitiert nach: die tageszeitung, 18. 11. 1995, «Warum sollen wir alle Tiere testen?»

richt für die Regierung in London an, in dem es heißt, dass zwei von drei BSE-Tieren durch das britische Kontrollsystem schlüpfen.

Im Mai 1995 stirbt der 19-jährige Stephen Churchill an der neuen Variante der Creutzfeldt-Jakob-Krankheit. Noch ein halbes Jahr später bestreitet die Regierung in London trotzdem kategorisch jede Gefahr für den Menschen. «Ich möchte klarstellen, dass Menschen keinen Rinderwahn bekommen», schreibt John Major im Oktober 1995 in einem Brief an die Mutter eines neuerlichen Creutzfeldt-Jakob-Opfers. Zur selben Zeit startet der britische Gesundheitsminister Stephen Dorrell eine Kampagne mit dem Slogan «Beef is safe».

Diese jahrelang vorgebrachte Behauptung muss Premier John Major allerdings im März 1996 endgültig zurücknehmen. Am 8. März hatten Wissenschaftler des staatlichen Überwachungszentrums für Creutzfeldt-Jakob-Erkrankungen in Edinburgh einen Lichtbildervortrag vor den 13 Mitgliedern des wissenschaftlichen BSE-Beirats der Regierung gehalten, der SEAC. Professor Robert Will, der Leiter des Überwachungszentrums, berichtet an diesem Tag, dem 8. März, von einem völlig neuen Krankheitsbild beim Menschen. Die Wissenschaftler nennen diese tödlich verlaufende Krankheit, der bis zu dem Zeitpunkt zehn Menschen in Großbritannien erlegen sind, neue Variante der Creutzfeldt-Jakob-Krankheit, kurz vCJK. Als wahrscheinliche Krankheitsursache vermuten die Edinburgher Wissenschaftler den Genuss prionenverseuchter Rindfleischprodukte. Denn im Verlauf gleichen sich vCJK und BSE frappant. Nach der öffentlichen Bekanntgabe des Zusammenhangs zwischen BSE und der menschlichen Variante des Rinderwahns am 20. März richtet die britische Regierung eine Gratis-Telefonhotline ein. An deren Ende läuft ein Band, das der Chef des britischen Gesundheitsdienstes besprochen hat. Die Ansage versichert den Anrufern, dass «alle notwendigen Schritte» unternommen würden, um die Gefahr für die Bevölkerung durch BSE noch weiter zu reduzieren. Er selber, so die Schlussbemerkung des Präsidenten des Gesundheitsdiensts, werde übrigens weiter Rindfleisch verzehren.

Das sieht die Leiterin der britischen Konsumentenvereinigung, Sheila McKechnie, ganz anders. Sie rät zur gleichen Zeit allen Konsumenten, die das Risiko einer Ansteckung vermeiden wollten, schlicht und ergreifend auf jegliches Rindfleisch sowie alle Rindfleischprodukte zu verzichten. Und die Europäische Kommission verhängt nach jahrelangem Taktieren am 27. März 1996 ein weltweites Exportverbot für britische Rinder, Rinderprodukte und Tiermehl. Einen Monat später verpflichtet die EU Großbritannien außerdem, alle Rinder zu vernichten, die 30 Monate und älter sind. Doch wie so oft hapert es bei der Umsetzung der Erlasse. «Das Embargo vom März 1996 und die daraus resultierenden Vorschriften sind von Großbritannien erst am 1. Juli 1997 in nationales Recht umgesetzt worden», empört sich der grüne Europaparlamentarier Friedrich-Wilhelm Graefe zu Baringdorf.*

Druck aus London auf die EU

Die Briten sind sauer über die verhängten Sanktionen. Schließlich geht es um einen wichtigen Markt: 1995, im Jahr bevor Brüssel den Bann verhängt, exportierte Großbritannien trotz der BSE-Krise immerhin 274 000 Tonnen Rindfleisch. Das entspricht einem Marktwert von gut 1,5 Milliarden Mark. Rachefeldzüge der Briten lassen nicht lange auf sich warten. Bei einer Tory-Konferenz im April 1996 in Harrogate fordert ein Redner

* «Eine wahrlich schwierige Branche», Süddeutsche Zeitung vom 4./5. 10. 1997

die britische Regierung auf, so lange alle Nahrungsmittelimporte vom Kontinent zu boykottieren, bis die Europäer ihre ablehnende Haltung gegen britisches Beef aufgeben würden. Die konservative Regierung in London hat allerdings eine andere Strategie in petto: Erpressung. Am 21. Mai 1996, also gerade mal zwei Monate nach dem großen Schuldanerkenntnis, dass die Seuche möglicherweise doch auf den Menschen übertragbar sein könnte, fordert John Major die Europäische Union auf, binnen eines Monats das Exportverbot für britische Rinder zu lockern – andernfalls werde Großbritannien gemeinsame EU-Entscheidungen blockieren.

Die Drohungen aus London wirken. Bereits im Juni 1996 verabschieden die europäischen Staats- und Regierungschefs einen Plan mit detaillierten Bedingungen für eine schrittweise Aufhebung des Exportverbots. Und nicht nur das. Brüssel beteiligt sich auch im großen Stil an den Kosten für das Notschlachtungsprogramm in Großbritannien. 80 Prozent der Kostenübernahme hatte der britische Agrarminister Douglas Hogg am 1. April 1996 von der EU gefordert; 70 Prozent der Entschädigungszahlen für die britischen Bauern zahlt die Europäische Union schließlich.

Bereits wenige Wochen später stellt Großbritannien das EU-Schlachtprogramm infrage. Am 20. September 1996 unterbricht das Vereinigte Königreich vorläufig die Massenschlachtung der insgesamt 140 000 betroffenen Rinder, weil eine Studie der Universität Oxford zu dem Ergebnis kommt, dass bereits die Vernichtung von 21 000 Kühen ausreichen würde, um die Rinderseuche zu stoppen. Aufgrund einer Computersimulation kommen die Wissenschaftler sogar zu dem Ergebnis, dass BSE vermutlich bis 2001 auch dann verschwinden würde, wenn man das Schlachtprogramm komplett stoppen würde. Premier John Major präsentiert diese Erkenntnisse in Brüssel und stellt das mit den anderen EU-Ländern in Florenz vereinbarte Schlachtprogramm infrage. Für wortbrüchig hält sich der Premier nicht. Er will einfach «keine hysterischen Überreaktionen mehr, damit wir allmählich das Vertrauen in britisches Rindfleisch wiederherstellen können, das niemals hätte verloren gehen dürfen». Die Studie, auf die sich Major stützt, wurde übrigens vom britischen Landwirtschaftsministerium mitfinanziert. Darüber hinaus beschwert sich wenige Wochen nach der Veröffentlichung der Studie der Chef des Oxforder Teams, Roy Anderson, das Landwirtschaftsministerium habe ihm Ergebnisse vorenthalten und die Arbeit der Forscher behindert.

Doch es bleibt nicht nur bei Schlacht- und Entsorgungsproblemen. Trotz des Banns gelangt britisches Beef auch nach dem März 1996 auf den Kontinent. Im Sommer 1997 deckt die EU-Kommission den illegalen Export von 1600 Tonnen britischen Rindfleischs auf. Drehscheibe für das britische Schmuggelfleisch sind Holland und Belgien. Ein Teil der Ladung ist für den weiteren Export in Drittländer wie die GUS oder nach Afrika vorgesehen. Doch 600 Tonnen britisches Rind landen auch in Deutschland, wo sie zu Labskaus und Lyoner Wurst verarbeitet werden und zum Großteil in den Handel gelangen.

Derweil kommt in London die Opposition an die Macht: Tony Blair von der Labour-Partei gewinnt Anfang Mai 1997 die Unterhauswahlen. Er verspricht eine schonungslose Untersuchung des britischen BSE-Skandals. Zu dieser neuen Linie gehört auch die Einsetzung eines BSE-Untersuchungsausschusses, der am 22. Dezember 1997 vom Agrarminister Jack Cunningham angekündigt wird und im März des folgenden Jahres mit der ersten Zeugenanhörung die Arbeit aufnimmt. Diese unabhängige Kommission soll nicht nur die Geschichte der Verbreitung von BSE aufrollen, sondern auch die politischen Gegenmaßnahmen. Doch der Rechercheauftrag endet mit dem Stichtag 20. März 1996, dem Datum, an dem die britische Regierung erstmals öffentlich einen Zusammenhang zwischen BSE und der menschlichen Form der Rinderkrankheit, vCJK, einräumen musste. Blairs – zugegebenermaßen noch kurze – Amtszeit wird durch diese Begrenzung des Untersuchungszeitraums so von vornherein ausgeblendet.

In Brüssel hebt die EU-Kommission im November 1998 im Grundsatz das Exportverbot für britisches Rind auf. Allerdings will man vor der Umsetzung noch ein Expertenurteil abwarten, das klären soll, ob die Voraussetzungen für die Wiederaufnahme der Exporte auch erfüllt sind. In Großbritannien sterben im selben Jahr 18 Menschen an «Human BSE», wie die neue Variante der Creutzfeldt-Jakob-Krankheit mittlerweile auch genannt wird. Das Expertenurteil für eine mögliche Aufhebung des Exportstopps für britisches Rindfleisch fällt positiv aus. Am 23. Juni 1999 beschließt die Europäische Union, dass Großbritannien weltweit ab dem 1. August 1999 wieder Rindfleisch verkaufen darf. Allerdings nur «mit starken Einschränkungen». Britische Rinder, die für den Export bestimmt sind, dürfen nur in bestimmten Schlachthäusern getötet und zerlegt werden. Eine weitere Bedingung ist, dass das Fleisch nur von Tieren stammen darf, die älter als sechs und jünger als 30 Monate sind. Außerdem müssen die Muttertiere nach der Geburt noch mindestens sechs Monate gelebt haben und sie dürfen nie an BSE erkrankt sein.

In demselben Monat, in dem das erste britische Beef nach dem weltweiten Exportverbot wieder legal ausgeführt werden darf, verschärfen die Vereinigten Staaten ihre Schutzmaßnahmen: Wegen der BSE-Gefahr werden in den USA keine Blutspenden mehr von Personen angenommen, die sich zwischen 1980 und 1997 sechs Monate oder länger in Großbritannien aufgehalten haben. Auch Frankreich und Deutschland melden weiterhin Bedenken an und erlassen nationale Importverbote für britisches Rindfleisch.

Vor allem die Weigerung Frankreichs, kein britisches Rind ins Land zu lassen, empört Großbritannien. Während Frankreich mit neuen wissenschaftlichen Erkenntnissen seiner Lebensmittelbehörde AFSSA argumentiert, beharrt London auf der Einhaltung des europäischen Erlasses. Aus Protest gegen das französische Einfuhrverbot für Rindfleisch aus Großbritannien bringt die britische EU-Abgeordnete Elisabeth Lynne am 25. Oktober 1999 einen rohen Rinderbraten nach Straßburg mit. Den präsentiert sie den am Flughafen anwesenden Pressefotografen in einer mit den britischen Farben bedruckten Plastiktüte mit den Worten: «Britisches Rind ist sicher.»

Auch Tony Blair pocht auf die Einhaltung des Gemeinschaftsrechts. Ungeachtet der Tatsache, dass zu diesem Zeitpunkt in England noch jede Woche Dutzende Kühe an BSE erkranken und in diesem Jahr 15 Menschen an vCJK sterben, sagt Blair Anfang November 1999 vor dem britischen Parlament: «Natürlich können wir die Franzosen vor Gericht zerren. Und wir werden sie vor Gericht bringen, wenn sie unvernünftig sind und nicht akzeptieren, was wir ihnen vorgelegt haben.» Angestachelt wird der Rinderaktionismus Blairs auch durch die stichelnde Opposition. So wettert der konservative Oppositionsführer William Hague am selben Tag im Parlament in London, er empfinde das französische Festhalten am Importverbot als «umfassende Demütigung dieser Regierung ohne Rückgrat».

Auch Star-Gastronomen beteiligen sich an der Kampagne. Ausgerechnet der französische Koch Phillipe Roy, der das *Clo du Roy* im südenglischen Bath betreibt, streicht im Oktober 1999 alle Gerichte seiner Heimat von der Speisekarte. «Ich glaube, die Franzosen sind einfach dumm», sagt Roy. Er selber halte beispielsweise die Qualität britischen Rindfleischs für «viel besser» als die des französischen. «Die Leute müssen Druck auf die Franzosen machen, um diesen dummen politischen Kampf zu beenden.»

Einen Höhepunkt erfahren die britisch-französischen Differenzen am 13. Dezember 1999 bei der feierlichen Eröffnung des neuen EU-Parlamentsgebäudes in Straßburg. Als der französische Präsident Jacques Chirac zur Eröffnungsrede anhebt, verlassen 36 konservative britische Abgeordnete geschlossen den Plenarsaal. Der Druck aus London zeigt Wirkung. Im Januar 2000 leitet die EU vor dem Europäischen Gerichtshof ein förmliches Vertragsverletzungsverfahren gegen Frankreich ein. Deutschland bleibt verschont – zum einen, weil die Bundesregierung in Brüssel immer wieder auf prozedurale Verzögerungen bei der Umsetzung des gelockerten Exportverbots verweist, zum anderen, weil die Einfuhr tatsächlich mit Verspätung im März 2000 vom Bundesrat abgesegnet wird.

Kurz bevor London den BSE-Untersuchungsbericht unter der Leitung von Lord Phillips der Öffentlichkeit präsentiert, wird im Oktober 2000 eine deutsche Studie publik, die die britische Regierung massiv attackiert. Die Münchner Sozialwissenschaftlerin Kerstin Dressel hat über drei Jahre lang mehr als 50 Interviews mit deutschen und britischen Ministern, Politikern und Beamten geführt und auf dieser Basis eine Arbeit erstellt, die ein genaues Bild der politischen und wissenschaftlichen Vorgänge in Sachen BSE nachzeichnet (Titel der Studie: *The Cultural Politics of Science and Decision-Making – An Anglo-American Comparison of Risk Political Cultures – The BSE Case*). Allerdings endet auch ihr Befragungszeitraum – wie der des britischen BSE-Untersuchungsausschusses – mit dem Jahr 1996. Hinzu kommt, dass die Untersuchung der Münchner Soziologin weitgehend anonymisiert ist.

Der Hauptvorwurf der Autorin lautet, dass die Regierungen unter Thatcher und Major die BSE-Forschung massiv behindert hätten: «‹Forscher waren nicht frei, anderen Forschern zu berichten, bevor nicht alles erschöpfend von Beamten jeder Art inspiziert worden war›, zitiert Dressel einen von mehreren Experten.»*

Auch vor Zensur hätten britische Beamte nicht zurückgeschreckt, so Dressels Resümee: «Oft haben die Forschergremien der Regierung nur dazu gedient, zuvor intern getroffenen Entscheidungen einen wissenschaftlichen Anstrich zu geben.»

Drei Tage später, am 26. Oktober 2000, wird der britische BSE-Untersuchungsbericht publiziert. Die Erarbeitung dieser umfangreichen Publikation auf mehr als 4000 Seiten hat sich die Londoner Regierung 27 Millionen Pfund kosten lassen, etwa 92 Millionen Mark. Neben Zeugenaussagen – so kommen zahlreiche Verwandte von vCJK-Opfern zu Wort – beinhaltet der Bericht auch Kritik an den beiden konservativen Vorgängerregierungen im Umgang mit der Seuche. Den Regierungsorganen werden Koordinationsmängel, Unterlassungssünden und Verharmlosungen vorgeworfen. Letzteres wird dem Bericht zwei Tage später selbst unterstellt. Die Rede ist von Mittelmäßigkeit und Vertuschung. Den Autoren wird Leichtgläubigkeit vorgeworfen, weil sie beispielsweise schreiben, dass nach der Einführung der Kompensationsregelung für die britischen Bauern und den Schlachterlassen für BSE-Rinder aus dem Jahr 1988 kein Material von BSE-infizierten Kühen mehr in die menschliche Nahrungskette gelangt sei.

Im Jahr 2000 sterben in Großbritannien 27 Menschen an «Human BSE», so viel wie nie zuvor. Mittlerweile weiß man, dass nicht nur jüngere Menschen, sondern auch Senioren die tödliche Krankheit bekommen können: Das bislang älteste Opfer ist ein 74-jähriger Mann. Neu ist auch die Erkenntnis, dass sich ein Kind im Mutterleib mit vCJD infizieren kann – bis zum

* «Fälschung statt Forschung», Süddeutsche Zeitung vom 23. 10. 2000

** Ebenda

September 2000 hatte man das ausgeschlossen. Zwei Monate darauf, im November, erklärt die britische Regierung, sie rechne mit bis zu 136 000 Toten.

Die EU im Dienst der Rindfleischlobby

Die Europäische Kommission «hat den Belangen der Aufrechterhaltung des Rindfleischmarktes Vorrang vor (…) den Risiken für die menschliche Gesundheit gegeben». So lautet ein zentraler Vorwurf des Berichts, den der BSE-Untersuchungsausschuss des Europaparlaments im Februar 1997 in Brüssel veröffentlicht hat. Den Europäischen Rat ereilt eine ganz ähnliche Anklage. Er habe «den Wirtschaftsinteressen der Fleischindustrie politisch Vorrang vor dem Gesundheitsschutz eingeräumt». Sicherung der Rindfleischmärkte statt Verbraucherschutz, Geschäftsinteressen statt Gesundheitsvorsorge. Wie konnte es dazu kommen? Wieso war Handel wichtiger als Ethik und Moral, wichtiger als der Schutz der EU-Bürger?

Nach europäischem Recht gilt im Binnenmarkt das Prinzip des freien Warenverkehrs. Einfuhrbeschränkungen beispielsweise sind untersagt. Grundsätzlich können die europäischen Mitgliedstaaten also lebende Kälber, Rinderhälften und Würste innerhalb der EU nach Belieben verschicken. Jahrelang hat man sich in Brüssel hinter dieser Freizügigkeit des gemeinschaftlichen Binnenmarkts versteckt. Dabei gibt es durchaus Restriktionen. So regelt beispielsweise Artikel 30 des EG-Vertrags Ausnahmen für das Prinzip der offenen Grenzen. Danach dürfen Importe dann verboten werden, wenn dies «zum Schutze der Gesundheit und des Lebens von Menschen» gerechtfertigt ist. Allerdings trägt der Mitgliedstaat, der den Importstopp ausspricht, die Beweislast. Doch wie sollte ein einzelnes Land beweisen, dass BSE auch dem Menschen gefährlich werden könnte? BSE war zunächst eine auf Großbritannien beschränkte Seuche. Außerdem weigerte sich das Vereinigte Königreich mehr als ein Jahrzehnt, ausländischen Forschern infektiöses Material zur Verfügung zu stellen. Dass BSE keine Gefahr für den Menschen berge, konnte so nicht nur bequem im Ursprungsland verbreitet werden, sondern auch in Brüssel, das die offizielle britische Ansicht nur zu bereitwillig kolportierte.

Es braucht vier Jahre, bis BSE in Brüssel ankommt. Im Juli 1989 – zu diesem Zeitpunkt ist die erste britische BSE-Kuh bereits 51 Monate tot – verhängt die EU ein Exportverbot für lebende britische Rinder, die vor dem 18. Juli 1988 geboren wurden – dem Tag, ab dem britische Rinder kein Tiermehl mehr zu fressen bekommen durften. Auch Kälber von BSE-verdächtigen Tieren dürfen Großbritannien nicht mehr verlassen. Die Maßnahme kommt spät. Die Vereinigten Staaten, schon aufgrund ihrer geographischen Lage vom BSE-Problem viel weiter entfernt, haben bereits ein Jahr zuvor ein Importverbot für britisches Rindfleisch erlassen.

Es dauert ein weiteres Jahr, bis die EU am 6. März 1990 eine Vorschrift erlässt, die sämtliche BSE-Fälle meldepflichtig macht – zu einem Zeitpunkt, wo bis zu 300 Rinder die Woche an der Seuche erkranken. Ebenfalls 1990 verbietet die EU-Kommission die Ausfuhr von britischen Kälbern in andere Länder, eine Exportvorschrift, die wie viele andere aber später wieder modifiziert wird.

Der Tanz um Exportverbote

Dann passiert lange Zeit erst einmal nichts. Während im Vereinigten Königreich die BSE-Zahlen in die Höhe schnellen, ist der Rinderwahn auf europäischer Ebene kein Thema. «Zwischen 1990 und 1994 war BSE in Brüssel wenig präsent», sagt der EU-Parlamentarier und ehemalige Vorsitzende des BSE-Untersuchungsausschusses, Reimer Böge (CDU). So fand im Europäischen Rat zwischen 1990 und 1994 – einem Zeitraum, in dem das Vereinigte Königreich 75 Prozent aller BSE-Fälle verzeichnet – keine einzige Debatte über BSE statt. Dieses Manko hatte auch Einfluss auf den politischen Entscheidungsprozess: Da der Informationsfluss praktisch unterbrochen war, konnte die Europäische Kommission auch schwerlich Rechtsvorschriften in Sachen BSE vorschlagen. Doch der Bericht des Untersuchungsausschusses weist ebenso darauf hin, dass die Kommission selbst eine Desinformationspolitik zum Thema BSE empfohlen hat. Es «existieren schriftliche Beweise, (...) die belegen, dass das Problem verschleiert wurde».*

Zum Beispiel dieser: «Eine neue öffentliche Debatte über die BSE-Problematik wäre gefährlich», schreibt der luxemburgische EU-Agrarkommissar Rene Steichen 1993 in einem Brief an das deutsche Gesundheitsministerium. «Jede neue Diskussion hat dramatische Auswirkungen auf den Rindfleischverbrauch der gesamten Gemeinschaft.»

Die Europäische Kommission wird erst 1994 wieder tätig.

* Zitiert aus dem «Bericht über behauptete Verstöße gegen das Gemeinschaftsrecht bzw. Missstände bei der Anwendung desselben im Zusammenhang mit BSE unbeschadet der Zuständigkeiten der nationalen und internationalen Gerichte» vom 7. Februar 1997, Hrsg.: Nichtständiger Untersuchungsausschuss für BSE, Berichterstatter: Manuel Medina Ortega, 1. AI Ergebnisse der Untersuchung, 1. Einleitung, Absatz c) Beschreibung der Missstände bei der Bewältigung der Krise im Zeitraum des maximalen Effekts der Krankheit

Einer generellen Einfuhrsperre für britisches Rind- und Kalbfleisch, wie sie Bundesgesundheitsminister Horst Seehofer (CSU) fordert, mögen die EU-Minister zwar nicht nachkommen, doch immerhin verbietet die Europäische Kommission europaweit am 27. Juni 1994 die Verfütterung von Tiermehl aus Säugetierkadavern an Wiederkäuer (The Real Ban). Hintergrund für dieses Verfütterungsverbot ist vor allem der Druck aus Deutschland. Seehofer hatte wiederholt zusätzliche Vorsorgemaßnahmen angemahnt und auch mit nationalen Alleingängen gedroht, um eine Übertragung der Rinderseuche auf den Menschen auszuschließen. So bereitete die Bundesregierung beispielsweise bereits im Februar 1994 ein nationales Tiermehlverbot für Wiederkäuer vor, das im März desselben Jahres in Kraft trat. Das veranlasste Agrarkommissar Steichen offenbar zum Einlenken: «Ich habe bereits angeregt, dass die seit 1989 getroffenen Maßnahmen überprüft werden», erklärt er im Mai 1994 in Brüssel. Ziel der Revision sei «eine gewisse Verbesserung der Regelungen, um die Ängste der Deutschen zu beschwichtigen».

Auch die Bedingungen für die Tiermehlproduktion werden verschärft. Zusätzlich erlässt die EU im Juli 1994 mal wieder eine von vielen komplizierten Exportregeln für britisches Rindfleisch: Diesmal darf nur mehr reines Muskelfleisch ausgeführt werden, wenn es zuvor entbeint wurde und aus Betrieben stammt, die mindestens sechs Monate BSE-frei waren. Fleisch mit Knochen darf das Vereinigte Königreich nur verlassen, wenn in der Herde sechs Jahre kein BSE festgestellt wurde. Lebende Rinder dürfen höchstens sechs Monate alt sein, wenn sie den Kontinent verlassen. Außerdem müssen sie im Bestimmungsland vor Vollendung des sechsten Lebensmonats geschlachtet werden. Ein Jahr später wird nachgebessert. Ab Juli 1995 dürfen britische Rinder nur noch in den Export, wenn bei der Schlachtung Kopf, Innereien und Rückenmark beseitigt werden.

All diese komplizierten und auch häufig modifizierten Regeln sorgen für Verwirrung, nicht nur beim Verbraucher. Doch Ende März 1996 erfährt das jahrelange Ringen um ein umfassendes Ausfuhrverbot für britisches Rind eine plötzliche Umsetzung: Wenige Tage nachdem die britische Regierung erstmals öffentlich einen Zusammenhang zwischen BSE und den an vCJK erkrankten Menschen zugegeben hat, verkündet Agrarkommissar Franz Fischler am 25. März 1996 ein weltweites Exportverbot. Es gilt für lebende Rinder, geschlachtetes Vieh, Steaks, Corned Beef, Rinderföten und Bullensperma aus Großbritannien. Wenige Tage vorher hatte die Europäische Kommission Einfuhrverbote dieser Art noch als unvereinbar mit europäischem Recht bezeichnet. Den meisten EU-Staaten war das angesichts der neuen Erkenntnisse allerdings ziemlich gleichgültig: Viele Länder setzten noch an dem Tag, an dem London die fatale Übertragungsmöglichkeit der Seuche auf den Menschen andeutete, den Import von britischem Rindfleisch im nationalen Alleingang aus, sodass die Entscheidung aus Brüssel eigentlich nur noch formal nachvollzieht, was das Gros der Gemeinschaft längst praktiziert.

Der von Brüssel verhängte weltweite Bann für britisches Beef ist ein entscheidender Fortschritt bei der BSE-Bekämpfung. Doch selbst dieser verschleppte Entschluss wird von den Briten noch einmal um ein paar Stunden hinausgezögert. Der britische Premier John Major teilt dem Kommissionspräsidenten Jacques Santer Ende März 1996 telefonisch mit, er habe neue, unberücksichtigte Erkenntnisse über den Rinderwahn, die eine Totalquarantäne überflüssig machten. Doch diesmal lässt sich die EU nicht erweichen: Am 27. März 1996 verhängt die Europäische Kommission ein totales und weltweites Exportverbot für britisches Rindfleisch. Der Bann gilt auch für alle Lebensmittel, Kosmetika und Arzneien, bei deren Herstellung Rindererzeugnisse aus dem Vereinigten Königreich verwendet werden.

In den darauf folgenden Wochen schreibt die EU weitere Maßnahmen zur BSE-Bekämpfung vor: Großbritannien muss nun alle Rinder, die 30 Monate und älter sind, schlachten und vernichten; eine Regelung, die rund vier Millionen Tiere betrifft. Außerdem erlässt die EU neue Regeln für die Tiermehlproduktion. Ab Juli 1996 müssen Tierabfälle, die zu Tiermehl verarbeitet werden, zwanzig Minuten lang einem Druck von drei Bar und einer Temperatur von 133 Grad Celsius ausgesetzt werden.

Was der Untersuchungsausschuss ans Tageslicht brachte

«Nicht mehr über BSE sprechen. Das Thema sollte auf der Tagesordnung nicht mehr auftauchen.» Diesen entlarvenden Aktenvermerk, den der Ire Peter Prendergast anlässlich einer Sitzung des ständigen Veterinärausschusses in Brüssel am 12. Oktober 1990 verfasste, veröffentlicht *Le Monde* im Juli 1996. Die Europäische Kommission versucht, die Bedeutung dieses Schreibens herunterzuspielen. Doch dafür ist es zu spät. Am 18. Juli 1996 beschließt das Europaparlament anlässlich der jüngsten Entwicklungen und Eingeständnisse die Einsetzung eines Untersuchungsausschusses zur BSE-Affäre. Dieser soll «unbeschadet der Zuständigkeit der nationalen und gemeinschaftlichen Gerichte behauptete Verstöße gegen das Gemeinschaftsrecht beziehungsweise Missstände bei der Anwendung desselben im Zusammenhang mit BSE prüfen».

Missstände findet der Sonderausschuss zuhauf. Als die Parlamentarier am 6. Februar 1997 ihren Bericht verabschieden, erwägen sie sogar einen Misstrauensantrag gegen Santers Kommission. «Der Bericht fiel ziemlich heftig aus», erinnert sich der Vorsitzende des BSE-Untersuchungsausschusses, Reimer Böge. *

* Im Gespräch mit den Autoren am 19. 12. 2000

Die Hauptvorwürfe bei der BSE-Bekämpfung richtet der Untersuchungssausschuss jedoch an die Vorgängerregierung. «Die Kommission, die bis 1994 im Amt war, hatte größere Schuld als die Nachfolgekommission», so Böge. Eine Absetzung der amtierenden Kommissare hätte also die Falschen getroffen. Aus diesem Grund einigen sich die Parlamentarier letztendlich auf einen bedingten Misstrauensantrag gegen Santers Kommission. Ihr wird eine Frist bis zum Jahresende gesetzt, in der mehr als 70 Gesetzesinitiativen, Veterinärinspektionen, Kontrollmaßnahmen und weitere Initiativen zur Eindämmung und Erforschung der Seuche angegangen werden sollen. Für den Fall, dass die Europäische Kommission den Empfehlungen der Parlamentarier nicht folgen sollte, konnten die Parlamentarier ihre Drohung wahr machen und einen Misstrauensantrag einbringen.

Der BSE-Untersuchungsausschuss hatte zwei große Probleme zu meistern. Erstens: unter enormem Zeitdruck innerhalb eines halben Jahres einen Abschlussbericht anzufertigen. Und zweitens: an die nötigen Informationen zu gelangen. Vor allem Letzteres erwies sich als schwierig. Denn die Arbeit des Untersuchungsausschusses wurde massiv behindert. Besonders schwer wiegend empfanden die Parlamentarier bei ihrer Recherchearbeit, «dass die Kommission eine Obstruktionstaktik verfolgt und die Wahrheit in Bezug auf mehrere heikle Fragen verschleiert hat. Auch die britische Regierung behinderte die Arbeiten ab dem Zeitpunkt, an dem ihr Landwirtschaftsminister (gemeint ist Douglas Hogg) sich weigerte, vor dem Untersuchungsausschuss zu erscheinen.»* Auch die Kommission unter Präsident Jacques Santer hat versucht, den Untersuchungsausschuss zu behindern: «Der Hauptfehler der Kommission war,

* Zitiert aus dem BSE-Untersuchungsbericht vom 7. Februar 1997, 1. AI Ergebnisse der Untersuchung, 1. Einleitung, Absatz b) Bei den Arbeiten des Untersuchungsausschusses aufgetretene Probleme

dass sie nicht schonungslos aufdecken wollten», erinnert sich Böge.

Obwohl aufgrund dieser erschwerten Bedingungen eine große Anzahl von Fragen durch den Untersuchungsausschuss nicht geklärt werden konnte, sind die Vorwürfe, die die Parlamentarier gegen den Europäischen Ministerrat, die Europäische Kommission und gegen das Vereinigte Königreich erheben, massiv. «Die wichtigsten Beispiele für die Missstände bei der Bewältigung der BSE-Krise stammen aus dem Zeitraum 1990 bis 1994», heißt es im Untersuchungsbericht. Das BSE-Problem wurde nach Ansicht der Parlamentarier bewusst verschleiert und die von BSE ausgehende Gesundheitsgefahr für den Menschen von der EU-Kommission heruntergespielt.

Den Hauptteil der Verantwortung für die BSE-Krise lastet der Untersuchungsausschuss der Regierung des Vereinigten Königreichs an. Die Vorwürfe im Einzelnen:

- Die britische Regierung hat sich fahrlässig verhalten. So war den britischen Ministerien BSE bereits im Juni 1987 bekannt; dennoch hat das Vereinigte Königreich beschlossen, nichts zu tun, bis zum 18. Juli 1988, als das Futtermittelverbot in Kraft trat.
- Die britische Regierung hat nur mangelnde Kontrollen beim Futtermittelverbot für Wiederkäuer veranlasst.
- Das Vereinigte Königreich hat die weitere Ausfuhr von möglicherweise infiziertem Wiederkäuer-Futtermittel in andere europäische Länder erlaubt.
- Großbritannien hat Druck auf die Kommission ausgeübt, bei der Kontrolle von britischen Schlachthöfen auf die Untersuchung der BSE-Problematik zu verzichten.
- Das Übergewicht britischer Sachverständiger und Beamter des Landwirtschaftsministeriums im BSE-Unterausschuss des Wissenschaftlichen Veterinärausschusses der EU stärkte den Einfluss der britischen Denkweise auf die Kommission.

- Im Vereinigten Königreich blieben die Standpunkte kritischer BSE-Wissenschaftler nicht nur unberücksichtigt, ihre Arbeit wurde zum Teil auch behindert.
- Großbritannien ist seiner Verpflichtung zur Ermittlung infizierter Bestände niemals ausreichend nachgekommen.
- Die britische Regierung hat die Europäische Union erpresst mittels Blockadehaltung, um das verhängte Exportverbot für Rindfleisch aufzuweichen.
- London hat sich nicht an die Bestimmungen der EU zu BSE gehalten.
- Das Vereinigte Königreich zeigte nur geringen Eifer bei den Kontrollen zur Aufrechterhaltung des Exportverbots.
- Die britische Regierung weigerte sich, Dokumente herauszugeben.

Auch der Europäische Ministerrat hat bei der Behandlung des BSE-Themas nach Auffassung des Untersuchungsausschusses in folgenden Punkten versagt:
- Er hat keine wirksamen Initiativen zur Durchsetzung der beschlossenen Ausfuhrverbote ergriffen.
- Der Rat hat den Wirtschaftsinteressen der Fleischindustrie Vorrang vor dem Gesundheitsschutz eingeräumt.
- Er hat seine Unfähigkeit oder zumindest seine mangelnde Bereitschaft, sich mit dem Thema Rinderwahnsinn zu befassen, dadurch offenbart, dass im Agrarrat das Thema BSE zwischen Juni 1990 und Juli 1994 nicht behandelt wurde.

Verschleierungspolitik und einseitige Interessenvertretung für die Rindfleischlobby werfen die Parlamentarier auch der Europäischen Kommission vor. Allerdings räumt der Untersuchungsausschuss ein, dass die Kommission beim Thema BSE oft am Rat gescheitert sei. Der BSE-Abschlussbericht macht die EU-Kommission unter anderem für folgende Punkte verantwortlich:

- Die Kommission hat eine Verschleierungspolitik betrieben, indem sie die BSE-relevanten Veterinärinspektionen in britischen Schlachthäusern von Mitte 1990 bis 1994 auf Druck der britischen Regierung aussetzte.
- Begünstigt wurde diese Verschleierungspolitik bei der Behandlung der Seuche durch das unkoordinierte Vorgehen sämtlicher Dienststellen, die Zuständigkeiten für Nahrungsmittelerzeugnisse besitzen.
- Die Kommission hat sich sehr spät und auf ineffiziente und widersprüchliche Weise mit dem Problem von Fleisch- und Knochenmehl befasst; so unterlagen nach 1989 die Herstellung und Ausfuhr von Fleisch- und Knochenmehl aus Großbritannien keinerlei Kontrollen durch die EU.
- Die Kommission beschließt viel zu spät – erst im März 1996 – ein Ausfuhrverbot für Fleisch- und Knochenmehl aus Großbritannien, obwohl der Agrarkommissar Ray MacSherry bereits im Februar 1990 einen entsprechenden Vorschlag für die Kommission erhielt. Dieser Vorschlag wurde am 26. Februar 1990 vom Juristischen Dienst der Kommission negativ begutachtet, was die Zuständigkeit der Kommission für eine solche Entscheidung betrifft.
- Das Exportverbot für britisches Rindfleisch kommt ebenfalls um Jahre zu spät.

Zusammenfassend hält der BSE-Bericht des Untersuchungsausschusses fest, dass alle drei Agrarkommissare – also MacSherry, Steichen und Fischler – eindeutige Verfehlungen zu verantworten haben, wobei eine «deutliche Verantwortlichkeit» den Kommissaren MacSherry und Steichen angelastet wird. Als Konsequenz aus der BSE-Krise mahnen die Parlamentarier neben den mehr als 70 Einzelmaßnahmen für die Zukunft mehr Transparenz, mehr Kontrollen und Inspektionen sowie ein generelles Verfütterungsverbot von Tiermehl an. Letzteres sollte erst gut dreieinhalb Jahre später verwirklicht werden: Den europaweiten Verzicht von Tiermehlverfütterung in der gesamten Tierhaltung beschloss die EU erst im Dezember 2000, nachdem in Deutschland das erste BSE-Rind gefunden wurde. Doch der EU-Beschluss hat einen großen Schönheitsfehler: Das Tiermehlverbot ist zunächst für sechs Monate befristet.

Nach der Präsentation des BSE-Berichts im Februar 1997 verpflichtet sich die EU-Kommission im Mai desselben Jahres, die vom Untersuchungsausschuss geforderten Maßnahmen umzusetzen. Zu dem angedrohten Misstrauensvotum kommt es aufgrund von Verbesserungen beim Verbraucherschutz nicht. Dazu zählt unter anderem die Beschneidung des Agrarkommissariats: Im Februar 1997 muss Franz Fischler die Verantwortung für Veterinärkontrollen und für den Gesundheitsschutz an die EU-Verbraucherkommissarin Emma Bonino abgeben.

Ein Pass für jedes Rind

Britisches Beef, französisches Filet, deutsches Rumpsteak. Eigentlich klingt alles ganz einfach. Ist es aber nicht. Im Lebensmittelsektor wechseln Waren häufig die Nationalität. Ein französisches Limousin-Rind, geboren und gemästet im Nachbarland, das zum Schlachten nach Deutschland transportiert und beim heimischen Metzger zu Rindersalami verarbeitet hinter der Ladentheke landet, gilt als deutsches Produkt.

Der Weg des Fleisches ist oft verschlungen. Abhilfe wollte die Europäische Union im März 1997 schaffen, als sie eine umfassende Rindfleischkennzeichnung beschloss. Hintergrund dieser Maßnahme: Angesichts der BSE-Krise sollte das Vertrauen der Verbraucher in den Rindfleischverzehr wieder gestärkt werden. Mit Hilfe von Ohrmarken, Tierpässen und Zentralcomputern sollte die Rindfleischkennzeichnung für jedes Tier den Geburtsort, den Mastort und den Ort der Schlachtung erfassen. Eine wirklich überfällige Idee. Umgesetzt werden sollte das Ganze bis zum 1. Januar 2000 – europaweit.

Doch die umfassende Kennzeichnungspflicht ist bis heute nicht in Kraft. Zwar müssen seit September 2000 für alle Rinder Europas der Schlacht- und Zerlegebetrieb dokumentiert werden, doch die entscheidenden Informationen, in welchem Land das Tier geboren und gemästet wurde, bleiben dem Verbraucher weiterhin vorenthalten. Außerdem gilt die Rindfleischetikettierung nur für Fleisch, nicht für Fleischprodukte wie Wurst.

Dass die umfassende Rinderkennzeichnung von einzelnen Mitgliedstaaten verschleppt wurde, zeichnete sich bereits frühzeitig ab. Einige Mittelmeerländer und Großbritannien waren nicht imstande, innerhalb von drei Jahren ein System zur Rin-

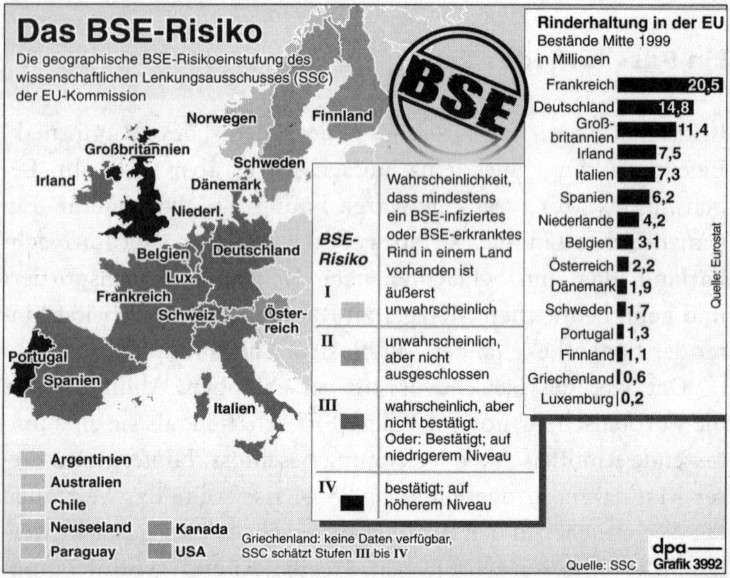

derkennzeichnung aufzubauen. Die für Anfang 2000 vorgesehene umfassende Kennzeichnungspflicht soll nun erst zum 1. Januar 2002 kommen – wenn, ja wenn bis dahin alle Mitgliedstaaten den Aufbau ihrer Herkunftssicherungssysteme vollzogen haben.

Ringen um Risikomaterial

Im Juli 1997 setzt sich in Brüssel der zähe Kampf um die Entfernung von so genanntem Risikomaterial fort. So beschließt die EU am 23. Juni 1997, dass ab dem 1. Januar 1998 europaweit Innereien von Schafen, Rindern und Ziegen vernichtet werden müssen. Bis dato gilt die Auflage nur für Schädel, Rückenmark und Milz. Im Hirn und Rückenmark befinden sich bei BSE-kranken Tieren bis zu 95 Prozent der Erreger.

Im Februar 1998, als der Entschluss vom Juni 1997 eigentlich schon Wochen in Kraft ist, erhalten die Länder, die einen Antrag auf Anerkennung als «BSE-frei» gestellt haben, die Erlaubnis, Risikomaterialien weiter zu verwenden. Zu diesen Ländern zählen Deutschland, Österreich, Griechenland, Spanien und die drei skandinavischen EU-Länder. Andere Staaten mit hohem BSE-Risiko haben inzwischen längst nationale Verwendungsverbote erlassen, die allerdings teilweise weniger umfassend sind als die EU-Regeln.

Am 17. März 1998 beschließen die EU-Agrarminister, keine neuen vorbeugenden Maßnahmen gegen die Rinderseuche zu ergreifen. Es sollen auch keine zusätzlichen Auflagen für die Verarbeitung von Rindfleisch in Bezug auf Risikomaterialien erarbeitet werden. Ein Grund ist, dass die USA mit einer Klage drohen, da ein umfassendes Verbot von Risikomaterialien die Einfuhr von Produkten erschweren würde, die unter Verwendung von Rinderprodukten hergestellt werden. Dazu zählen beispielsweise Kosmetika.

Im November 1999 einigen sich die europäischen Länder auf eine Interimslösung bei der Frage des Risikomaterials. Manche Staaten wollen nun doch Hirn, Innereien und Rückenmark von Wiederkäuern aus der Nahrungskette entfernen und vernichten, darunter Großbritannien, Portugal, Frankreich, Irland, Belgien und Luxemburg. In den anderen Ländern soll dagegen nur die Entfernung von Risikogewebe für Schlachtvieh und Fleisch vorgeschrieben werden, welches aus den von der Rinderseuche direkt betroffenen Staaten eingeführt wird. Die Entscheidung über eine EU-weite Regelung für Risikomaterialien wird im Dezember 1999 um weitere sechs Monate verschoben. Ebenfalls im Dezember 1999 stellt die EU-Kommission fest, dass die bestehenden BSE-Vorschriften ausreichend seien, um ein «hohes Niveau für die öffentliche Gesundheit und Sicherheit» zu garantieren.

Am 29. Juni 2000 entscheidet die Kommission, dass zum 1. Oktober 2000 europaweit Risikomaterialien von Wiederkäuern aus der Nahrungs- und Futtermittelkette entfernt werden müssen. Mehrheitlich hatte dies zuvor der Agrarministerrat beschlossen, obwohl Länder mit wenigen BSE-Fällen fürchteten, durch die Auflage ihr Image als BSE-freie Fleischproduzenten zu verlieren. Einige Länder enthielten sich deshalb der Stimme oder votierten dagegen. Dazu zählte auch Deutschland. Landwirtschaftsminister Karl-Heinz Funke blockierte diese wichtige Entscheidung im Agrarministerrat über ein Jahr lang. In der entscheidenden Sitzung im Juni 2000 enthielt er sich der Stimme.

Doch wer nun glaubt, alle potenziell infektiösen Materialien aus Rindern, Schafen und Ziegen würden seit Oktober 2000 rigoros entfernt, der irrt. Entfernt werden müssen aus der Nahrungs- und Futtermittelkette laut der Entscheidung 2001/2/EG vom 27. September 2000 lediglich Schädel – einschließlich Gehirn und Augen –, Mandeln und Rückenmark von über zwölf

Monate alten Rindern sowie der Darm vom Duodenum bis Rektum der Rinder jeden Alters. Bei Schafen und Ziegen müssen Schädel und Mandeln bei über zwölf Monate alten Tieren entfernt werden sowie die Milz von Schafen und Ziegen aller Altersklassen. Kalbsbries bleibt somit weiter ein erlaubter Bestandteil des europäischen Speiseplans.

Schnelltest mit Startschwierigkeiten

Ein Forschungstrakt der Züricher Universität Irchel: Linoleumflure, grelles Licht aus Neonröhren. In dieser unscheinbaren Umgebung residiert die Prionics AG, ein Unternehmen, das drei Forscher 1997 per Spin-off aus einem CJK-Forschungsprogramm der Universität gegründet haben. Die junge Firma hat etwas zu vermarkten, für das sich zu diesem Zeitpunkt so gut wie niemand interessiert: einen BSE-Schnelltest. Das Besondere an diesem Test ist, dass er im Gegensatz zu herkömmlichen BSE-Nachweisverfahren innerhalb weniger Stunden ein Ergebnis anzeigt und dass er an Rinderwahn erkrankte Tiere auch dann erkennt, wenn noch keine Krankheitssymptome bemerkbar gewesen sind. Einziger Nachteil: Der 1996 entwickelte Prionics-Test kann BSE nur bei toten Tieren feststellen.

Das erste Land, das sich für den Test interessiert, ist die Schweiz. Bereits 1997 beginnt man mit einer umfangreichen Validierung, einer wissenschaftlichen Bewertung des Schnelltests mit bekannten Proben. Neben der Effizienz und Sensitivität des Testsystems prüfen die Schweizer den Test auch unter Praxisbedingungen im Schlachthof, wo 7000 parallele Tests durchgeführt werden. Mitte 1998 ist die Testreihe abgeschlossen. Der Prionics-Schnelltest hat das strenge Schweizer Validierungsverfahren bestanden und wird zugelassen.

Zur gleichen Zeit schreibt die EU-Kommission in Brüssel eine Schnelltest-Validierung aus. Vier Testerfinder landen in der engeren Wahl, darunter auch der Prionics-Test. Doch bis die Schweizer Forscher ihre Proben bekommen, vergehen einige Monate. Mit der ersten Lieferung Anfang 1999 können die Testerfinder nicht arbeiten. «Die erste BSE-Charge aus Großbritannien war völlig unbrauchbar, ganz blutig, da wusste man gleich, wo BSE drin ist», sagt Markus Moser, einer der Gründer der Prionics AG. Also, das Ganze nochmal von vorn. Diesmal froren die Briten ihre Hirnproben sofort nach der Entnahme ein. Über das belgische Geel, wo die Proben in kleine Portionen geschnitten wurden, ging das Testmaterial dann nach Zürich, Hunderte von Proben Rinderhirn. Die negativen Proben, also die BSE-freien, sollen dagegen aus Australien oder Neuseeland gekommen sein. Ganz genau weiß man das bis heute nicht, denn woher die negativen BSE-Proben kommen, ist streng geheim. Kein vermeintlich BSE-freies Land will sich dem Risiko aussetzen, seinen Status aufgrund eines dummen Zufalls im Rahmen einer Validierung zu verlieren. Das Risiko, plötzlich zum BSE-Land zu werden, wollte von den europäischen Ländern niemand eingehen: Aus Europa stammten die negativen Proben auf jeden Fall nicht.

1400 Proben insgesamt müssen Markus Moser und seine Kollegen im Rahmen der EU-Validierung in ihrem Schweizer Labor testen. Eine Woche brauchen sie dafür. Doch erst ein knappes halbes Jahr später, im Juni 1999, bestätigen die EU-Kommissare die Wirksamkeit von drei BSE-Schnelltests. Es sind ein französischer, ein irischer und der Schweizer Test von Prionics. Wieso hat das alles so lange gedauert? Warum brauchten die Brüsseler Beamten fast ein Jahr Vorlaufzeit, um Proben zu beschaffen? Markus Moser hat für das langwierige Procedere eine einfache Antwort: «Das war eine riesenbürokratische Sache.» Und: «Dass so eine minimale Evaluierung länger als ein

Jahr dauert, zeigt den Widerstand an allen Ecken und Enden, vor allem von den Briten.»

Seit der offiziellen EU-Zulassung vom Juni 1999 könnten die Mitgliedsländer mit dem Einsatz von BSE-Schnelltests eigentlich jederzeit beginnen. Doch das Interesse ist lau. Lediglich Bärbel Höhn, nordrhein-westfälische Umweltministerin, lässt 1999 5000 Rinder ihres Bundeslandes auf die Seuche testen. 250 000 Mark kostet diese Aktion, eine Summe, die die Grüne immer wieder als sinnvolle Maßnahme für den vorbeugenden Verbraucherschutz verteidigen muss. Außerdem will Bärbel Höhn mit ihrer Aktion dem BSE-Schnelltest zum Durchbruch verhelfen.

Doch zum Durchbruch kommt es nicht. Nicht einmal Großbritannien, das Land mit den meisten BSE-Fällen, bekundet Interesse. Es ist wieder einmal Zwang nötig, bis etwas passiert. Am 5. Juni 2000 beschließt die EU, der gesamten Gemeinschaft ab Januar 2001 die Durchführung von BSE-Schnelltests vorzuschreiben. Fällig sind allerdings nur Stichproben bei so genannten gefallenen Tieren, also verhaltensauffälligen oder notgeschlachteten Rindern.

Manchen Ländern ist das zu wenig. Frankreich beginnt bereits im Juni 2000 mit Massentests, Deutschland im Dezember.

Eine neue EU-Kommission, eine neue Behörde

Im September 1999 nimmt eine komplett neue EU-Kommission unter Präsident Romano Prodi ihre Arbeit in Brüssel auf. Nur ein Kommissar stammt aus der Vorgängerriege: Agrarkommissar Franz Fischler. Diese neue Kommission will alles besser machen als die abgesetzte, die wegen Begünstigung und Korruption im März 1999 vorzeitig zurücktreten musste. Vor allem

Prodi betont, dass Verbraucherschutz und Lebensmittelsicherheit künftig zu den wichtigsten Politikfeldern in Brüssel gehören sollen. Er ist es auch, der die Schaffung einer europäischen Behörde für Lebensmittelsicherheit vorschlägt und die Gesetzregelungskompetenzen des neuen Verbraucherkommissars David Byrne stärkt: Auf Druck des Europaparlaments unterstellt Prodi Byrne die Lebensmittelkontrolle einschließlich aller wissenschaftlichen Ausschüsse.

Noch bevor er als Verbraucherkommissar im Amt ist, spricht sich der Ire David Byrne am 3. September 1999 für die europaweite Einführung von BSE-Schnelltests aus. Auch er ist der Meinung, Gesundheits- und Verbraucherschutz müssten gestärkt werden. Deshalb sei eine bessere Kennzeichnung von Lebensmitteln nötig, meint Byrne. Er unterstützt die von Prodi vorgeschlagene Schaffung einer Europäischen Behörde für Lebensmittelsicherheit, die im Laufe des nächsten Jahres zum Kernstück seiner Verbraucherpolitik wird.

Diese unabhängige Behörde, die mit hochrangigen Wissenschaftlern besetzt sein soll, soll nach den Vorstellungen der Kommissare und der EU-Länder bereits Anfang des Jahres 2002 arbeitsfähig sein. Die Wissenschaftler dieser Lebensmittelbehörde sollen anhand von Gutachten, eigenen Untersuchungen und mittels Informationssammlung das Risiko von Lebens- sowie von Futtermitteln bewerten. Das Amt soll die erste Anlaufstelle für Nahrungsmittelfragen werden; außerdem soll es ein Schnellwarnsystem in Krisenfällen auslösen. Zunächst soll die Behörde mit 250 Mitarbeitern und einem Budget von 40 Millionen Euro ausgestattet werden. Langfristig soll die Lebensmittelagentur 330 Mitarbeiter beschäftigen. Darunter werden auch jene Wissenschaftler sein, die bislang in den verschiedenen Ausschüssen der Kommission zuarbeiten. Bislang beschäftigen sich fünf verschiedene Ausschüsse mit der Lebensmittelkontrolle in der Europäischen Union.

Die neue Behörde soll allerdings nur sehr begrenzte Kompetenzen haben. Die ausführenden und legislativen Aufgaben sollen nämlich weiterhin bei der Kommission, dem Parlament und dem EU-Ministerrat verbleiben. Sanktionen bei Verstößen gegen die Sicherheitsstandards kann die neue Behörde für Nahrungsmittelsicherheit somit nicht verhängen.

Unklar ist auch noch, wo die neue Behörde ihren Sitz haben wird. Neben London und Brüssel sind Barcelona und Parma im Gespräch. Um den Sitz hat sich auch Finnland beworben, dem gute Chancen eingeräumt werden, weil in diesem Land noch keine EU-Institution ansässig ist.

Die Paten der Fleischmafia – Fleischschmuggel in Europa

«Die Paten der Fleischmafia» – so hieß ein Filmbericht, der 1998 in der ARD ausgestrahlt wurde. Er kam durch eine ungewöhnliche Kooperation von Journalisten aus ganz Europa zustande und war dazu angetan, das Vertrauen in die Wirksamkeit der EU-Maßnahmen gegen die Verbreitung von BSE-Fleisch in Europa nachhaltig zu erschüttern. Einer der Autoren war der heutige Korrespondent der ARD in Moskau, Udo Lielischkies. Er war damals noch als Korrespondent in Brüssel tätig und musste sich zwangsläufig für *Tagesschau* und *Tagesthemen* mit dem Thema Fleischschmuggel in Europa beschäftigen. Denn Mitte 1997 hatten Fahnder im niederländischen Vlissingen in einem Schlachthof Fleisch gefunden, bei dem offenbar Stempel herausgeschnitten worden waren. Und bei genauem Hinsehen entdeckten die Fahnder britische Fleischstempel. Es handelte sich offenbar um Rinder, die entgegen den Exportbestimmungen aus Großbritannien ausgeführt worden waren, um weiter nach Russland geliefert zu werden. Ein Vorgang, wie sich herausstellen sollte, der nur die Spitze eines Eisbergs markierte.

Der ARD-Korrespondent entschloss sich, der Meldung nachzugehen. Er rief mich an und bat mich um Mitarbeit. Er konfrontierte mich mit einer Theorie, die auf den ersten Blick abwegig erschien, bei genauerem Nachdenken aber von bestechender Logik war: Bei dem Fleisch, so vermutete er, konnte es sich nicht einfach um auf der Insel frei verkäufliche Ware handeln, die zwar verbotenerweise ausgeführt worden war, aber deshalb nicht zwangsläufig mit BSE verseucht war. Es musste sich vielmehr um Fleisch von notgeschlachteten Rindern handeln, die mit hoher Wahrscheinlichkeit den tödlichen BSE-Erreger in sich trugen. Eine wahrhaft schockierende Vorstellung: dass sich Banden daranmachten, Fleisch aus Großbritannien herauszuschmuggeln und zu verkaufen, das nicht mehr als hoch gefährlicher biologischer Sondermüll war.

Nur so aber machte der ganze Schmuggel überhaupt Sinn. Denn nach der Tötung von über drei Millionen verdächtigen Rindern im Jahr 1996 hatte der Rindfleischmarkt im Vereinigten Königreich wieder angezogen, und es hätte wenig Sinn gemacht, verkaufsfähiges Fleisch mit all den Risiken und Kosten aus Großbritannien herauszuschmuggeln. Die Gewinnspannen wären viel zu niedrig gewesen. Aber tierischen «Abfall», der zudem noch teuer hätte entsorgt werden müssen und der nutzlos in den Kühlhäusern hing, aufs Festland zu bringen und dort als bestes deutsches oder französisches Fleisch zu verkaufen – das war ein ungeheures Geschäft. In den folgenden Monaten sollte sich herauskristallisieren, dass es in der Tat ein System organisierten Fleischschmuggels gab, der von mafiaähnlichen Strukturen quer durch Europa betrieben wurde.

Etwa zeitgleich mit der Meldung aus Vlissingen erhielt ich einen Hinweis: In einem Kühlhaus in Nordrhein-Westfalen war ebenfalls verdächtiges Rindfleisch sichergestellt worden, und von meinem Informanten bekam ich auch die Adresse der Firma, für die das Fleisch bestimmt war. Ich machte mich auf den Weg und konfrontierte den Wurst verarbeitenden Kleinbetrieb in der Nähe von Gütersloh mit meinen Recherchen. Dort stritt niemand die Lieferung ab. Man erzählte mir von einem «dicken Belgier», der seine Ware unter Preis direkt ab Lastwagen verkauft habe. Als ich mich nach dem Namen und nach den Lieferpapieren erkundigte, schüttelte der Chef der Firma nur den Kopf.

Ein Anreiz mehr, der Sache nachzugehen. Doch die Recherche gestaltete sich nicht eben einfach, denn die gut organisierten Banden arbeiteten international zusammen und hatten überall ihre Kontaktleute. Da kam der ARD-Korrespondent auf die Idee, nach einem ähnlichen Muster mit Kollegen zusammenzuarbeiten, ebenfalls ein Netzwerk zu bilden. Wir verabredeten uns mit Kollegen aus Frankreich, den Niederlanden, Belgien, Irland, England und Deutschland. Alle hatten über Monate in Sachen Rindfleisch und BSE recherchiert, alle hatten ihr eigenes Informationssystem aufgebaut, und alle waren bereit zusammenzuarbeiten. Wann immer wir guteInformationen hatten, behielten wir diese nicht für uns, sondern tauschten sie aus.

Wir mussten herausbekommen, über welche Zwischenstationen der Transport und Handel des britischen Rindfleischs lief. Bald stellten wir fest, dass es sich dabei gleich um mehrere Firmen handeln musste, die vor allem in Belgien ansässig waren. Wir gelangten in den Besitz von vertraulichen Dokumenten, die Hinweise auf solche Firmen enthielten, die bereits in den Verdacht geraten waren, mit britischem Rindfleisch gehandelt zu haben. Unter anderem an einen Brief des belgischen Ministeriums für Gesundheit aus Brüssel an einen Fleischereibetrieb in Belgien, der an Deutlichkeit nichts zu wünschen übrig ließ:

«Vom Inspektionsdienst des Instituts für tierärztliche Untersuchung durchgeführte Untersuchungen haben Folgendes ergeben:

- Nicht vom Institut untersuchte und abgestempelte Rindertierkörper aus dem Schlachtbetrieb (...) wurden in Ihrem Betrieb angetroffen.
- Bei Fleisch, das für Weißrussland bestimmt war, wurde die Kennzeichnung abgerissen und durch ein eigenes Kennzeichen ersetzt.

Es steht demnach fest, dass die verlangten Garantien bezüglich der notwendigen Qualitätsanforderungen zum Schutze der Bevölkerung fehlen. Ich habe entschieden, dass mit Wirkung ab heute jegliches Fleisch, das in Ihrer Einrichtung vorhanden ist, diese weder verlassen noch in Verkehr gebracht werden darf, um eine erneute gesundheitliche Gefährdung der Bevölkerung auszuschließen. Diese Maßnahme gilt ebenfalls für jedes Fleisch, dass eine der vorgesehenen Identifikationskennzeichnungen trägt, ungeachtet des Ortes, an dem es sich befindet.»

Dieser und andere Betriebe hatten zu diesem Zeitpunkt längst schon Rindfleischhälften nach ganz Deutschland geliefert. In einem Betrieb in Nordrhein-Westfalen stießen wir auf Computerlisten, die die Zusammenarbeit mit den verdächtigen Firmen bestätigten. Die Firmeninhaber fielen aus allen Wolken, als sie erfuhren, dass ihnen möglicherweise umdeklariertes BSE-verseuchtes Rindfleisch aus Großbritannien geliefert worden war.

Inzwischen waren die zuständigen Ministerien alarmiert. Die Verantwortlichen des Gesundheitsministeriums in Düsseldorf schalteten sofort die Staatsanwaltschaft ein, und diese durchsuchte die entsprechenden Empfängerbetriebe. Bei einem Fleischmakler in Ostwestfalen entdeckten die Ermittler Papiere, aus denen hervorging, dass mindestens 100 000 Kilogramm Rindfleisch aus den verdächtigen Betrieben in Belgien und anderswo allein nach Nordrhein-Westfalen geliefert worden waren. Auch die Staatsanwaltschaft in Hamburg leitete Ermittlungen ein.

Wie sich später herausstellte, hatten Schmuggler Hunderte amtlich registrierter Fleischstempel in Europa nachgemacht. Die Behörden waren machtlos; in vielen Fällen war das gefährliche Fleisch bereits verarbeitet worden und in den Handel gelangt. Ein Beamter erklärte uns, dass mit dem Schmuggel des Rindfleischs zum damaligen Zeitpunkt mehr Geld zu verdienen gewesen sei als mit Drogengeschäften.

Die gesamten Umstände der Affäre konnten bis heute nicht vollständig aufgeklärt werden. Aber der ARD-Filmbericht über «Die Paten der Fleischmafia» machte bereits im Februar 1998 eines sehr klar: dass der Schutz vor BSE-verdächtigem Fleisch aus Großbritannien allein mit dem Exportverbot noch nicht garantiert war.

Norbert Dohn

Wer nicht sucht, findet auch nichts – BSE in Deutschland

Mehr als 180 000 BSE-Rinder im Vereinigten Königreich, mehrere hundert tote Kühe in Irland, Portugal und der Schweiz, allein 205 dem Rinderwahn anheim gefallene Tiere bei unserem größten Nachbarn, Frankreich. Nur Deutschland bildete in Sachen BSE eine unantastbare Insel, ein Eldorado der gesunden Kühe. Bis zum letzten Freitag des vergangenen Novembers. Am 24. November 2000 stürzte die Mär vom sicheren deutschen Rindfleisch in sich zusammen: mit dem ersten deutschen BSE-Rind. Sicher, sechs Fälle von Rinderwahn hatte es in der Bundesrepublik schon vorher gegeben. Doch die waren schließlich allesamt importiert, kranke Rinder aus dem Vereinigten Königreich und aus der Schweiz. Diese Tiere hatten die Seuche eingeschleppt, bei originär deutschem Rindvieh konnte so etwas unmöglich passieren, versicherten deutsche Politiker und der Bauernverband unisono über Jahre.

Und zwar aus folgenden Gründen: Erstens hielten deutsche Agrarminister und die Lobbyisten der Landwirtschaft das Herstellungsverfahren von Tiermehl, dem wohl entscheidenden Überträger der BSE, in der Bundesrepublik für absolut sicher. Und zweitens, so die einhellige Überzeugung, hielten sich die deutschen Landwirte konsequent an das seit 1994 geltende Verfütterungsverbot von Tiermehl an Wiederkäuer. BSE hatte also angeblich in der Bundesrepublik niemals eine Chance. Deswegen war es aus Sicht der Gesundheits- und Agrarminister auch nicht nötig, Maßnahmen des vorbeugenden Verbraucherschutzes zu erlassen, die das eigene Handeln einer Veränderung unterworfen hätten. Warum sollten deutsche Bauern, Futtermittelproduzenten oder die heimische Fleischindustrie teure Sicherheitsvorkehrungen treffen, die gar nicht greifen konnten, weil es das Problem nicht gab im eigenen Land? Nötig hielt die deutsche Politik bis November 2000 nur eines: der Seuche, die aus dem Ausland kam, per Importbeschränkungen den Garaus zu machen. Und selbst das erschien vielen Bonner und Berliner Ministern zu viel. Schließlich hatte man sich in einem vereinten Europa den gemeinschaftlichen Regeln zu unterwerfen – und die sehen unter anderem den freien Warenverkehr vor. Besonders Ex-Landwirtschaftsminister Karl-Heinz Funke (SPD) versteckte sich bis zum Beginn der deutschen BSE-Krise im November 2000 gerne hinter «europäischen Lösungen». Er selbst hätte ja gerne mehr für den Verbraucherschutz getan, doch den «Konflikt mit dem europäischen Recht» scheute er gerade dann besonders häufig, wenn es um Verbraucherschutzfragen ging.

Dabei war Brüssel in manchen Dingen, die BSE betrafen, schon längst viel weiter als die deutsche Agrarpolitik. Ein gutes Beispiel dafür, wie Deutschland eine präventive Seuchenpolitik über Jahre verhinderte, ist die Frage des Umgangs mit so genanntem Risikomaterial. Köpfe, Innereien und Rückenmark von Wiederkäuern gelten seit langem als potenziell hoch infektiös. Viele europäische Mitgliedstaaten verbannen dieses Risikomaterial deshalb bereits seit Jahren aus der Nahrungs- und Futtermittelkette. In Großbritannien beispielsweise ist diese Entfernungsvorschrift seit mehr als zehn Jahren Gesetz.

Die Europäische Kommission unterstützte die Entfernungsvorschriften für dieses auch SBO genannte Material (Specified Bovine Offals) seit Jahren, vergeblich. Denn europäische Staaten, die sich für BSE-frei hielten, verhinderten diese Maßnahme über Jahre hinweg erfolgreich. So unterbreitete die EU-Kommission bereits im Dezember 1996 den Vorschlag, dieses Risikomaterial nicht mehr in die Nahrungskette zu bringen. Der damalige deutsche Landwirtschaftsminister Jochen Borchert (CDU) lehnte das ab: Es gebe schließlich kein BSE-Problem in Deutschland. Eine Argumentation, die sein Nachfolger Karl-Heinz Funke fortführte – unterstützt unter anderem vom Deutschen Bauernverband, der bis zuletzt vehement gegen die Entnahme von Risikomaterial protestierte.

Im Mai 2000 startete die EU-Kommission ihren vierten Versuch, die EU-weite Entfernung und Vernichtung von Risikomaterialien aus der Nahrungs- und Futtermittelkette durchzusetzen. Funke verweigerte in Brüssel seine Zustimmung, er enthielt sich in der Abstimmung der Stimme. Doch der deutsche Landwirtschaftsminister wird überstimmt. Seit 1. Oktober 2000 darf auch in Deutschland kein Rinderhirn, dürfen kein Rückenmark und keine Mandeln von Wiederkäuern mehr in deutscher Wurst verarbeitet werden.

Nach Auffassung der ehemaligen Gesundheitsministerin Andrea Fischer (Grüne) war diese Regelung überflüssig. «In Deutschland kommt seit Jahr und Tag kein Rinderhirn in die Wurst», sagte sie am 20. Dezember 2000. Zu diesem Zeitpunkt lag ihrem Ministerium seit sieben Tagen ein Schreiben der Bundesanstalt für Fleischforschung vor, das vor Wurstwaren mit BSE-Risiko warnte. Es war nicht der erste Hinweis der Kulmbacher Experten. Bereits 1996 hatten die Wissenschaftler den damaligen Gesundheitsminister Horst Seehofer (CSU) vor dem Verzehr von Separatorenfleisch gewarnt. Dieses Fleisch, das maschinell von der Wirbelsäule des Rindes abgelöst wird, wird beispielsweise in Brüh- und Bockwürsten verarbeitet. Bei der maschinellen Gewinnung des Separatorenfleischs können Stücke der hoch infektiösen Wirbelsäule mit abgetrennt werden, die dann in der Wurst landen. Zwei Tage vor Weihnachten 2000 verständigte sich Andrea Fischer dann doch überraschend mit der Fleischindustrie darüber, deutsche Wurst, die Risikofleisch enthält, weltweit vom Markt zu nehmen. Warum so spät? Die Kulmbacher Warnung an Frau Fischer war ein paar Tage im Ministerium liegen geblieben. Und die entsprechende 1996er-Korrespondenz mit dem Gesundheitsministerium zu Zeiten ihres Vorgängers Horst Seehofer, gab Fischer zu, hatte sie nicht komplett gelesen. Hinzu kam Druck aus dem Ausland. EU-Verbraucherkommissar David Byrne hatte Deutschland nachdrücklich aufgefordert, gefährliche Wurst umgehend aus dem Handel zu nehmen. Als die Gesundheitsministerin dem nicht sofort nachkam, entfernten die Niederlande und Belgien kurz vor Weihnachten 2000 kurzerhand deutsche Bockwürste und andere Wurstwaren aus dem Nachbarland aus ihren Supermärkten.

Kiechle, Borchert und Funke: Deutsches Rindfleisch ist sicher

Als der Rinderwahnsinn in Großbritannien grassiert, 1992, ist in Deutschland der CSU-Politiker Ignaz Kiechle Landwirtschaftsminister. Es ist das Jahr, in dem Deutschland seinen ersten BSE-Fall meldet: ein Rind, das aus Großbritannien importiert wurde. Doch Konsequenzen hat das kaum. Als Kiechle 1995, da ist er bereits zwei Jahre im Ruhestand, nach dem Rinderwahnsinn befragt wird, antwortet er auf die Frage: «Essen Sie Rindfleisch?» folgendermaßen: «Ich esse Rindfleisch, unabhängig von der Diskussion um den Rinderwahnsinn und all diese Dinge. Ich kenne das Problem. Als ich Minister war, hatten wir darüber schon mal eine Sondersitzung in Brüssel. Die endete auch mit einem Kompromiss, nämlich einer beschränkten Einfuhr.»*

* Zitiert nach: Stern vom 9. 3. 1995: «Was macht eigentlich ... Ignaz Kiechle»

Das klingt so, als wäre BSE ein abseitiges Randthema. Dabei hatte der Minister bereits 1990 von einem engagierten Tierarzt für Rinder aus Norddeutschland, Dr. Helmut Clausen, einen Brief erhalten, der dezidiert darauf hinwies, dass «bei kritischer Beurteilung des derzeitigen Wissens über die BSE kein ernst zu nehmender Wissenschaftler eine mögliche Übertragung über die Nahrung (Fleisch, Milch) auf den Menschen ausschließen» kann (zitiert aus dem Brief von Helmut Clausen an Ignaz Kiechle vom 24. 5. 1990). Clausen will vor allem wissen, welche vorbeugenden Maßnahmen die Bundesrepublik im Hinblick auf die Rinderseuche getroffen hat. Besonders beunruhigt ist der Veterinär darüber, dass durch die Ausfuhr von lebenden britischen Rindern bereits 1990 eine Verschleppung der Krankheit stattgefunden hat – nämlich in das Sultanat Oman. Was Clausen als Antwort erhält, beruhigt ihn nicht: Es ist ein Brief eines Referenten des Landwirtschaftsministeriums mit allgemeinen Formulierungen zum Thema BSE. Konkrete deutsche Schutzmaßnahmen werden nicht angeführt.

Im Januar 1993 folgt der CDU-Politiker Jochen Borchert Kiechle im Amt nach. Anderthalb Jahre äußert er sich kaum zum Rinderwahnsinn. Erst im Mai 1994, als der dritte BSE-Fall in Deutschland bekannt wird – wieder handelt es sich um ein importiertes Tier –, fordert Borchert eine schärfere Bekämpfung der Rinderseuche BSE. So schreibt der Landwirtschaftsminister an seinen Kollegen Horst Seehofer, Bundesgesundheitsminister, er plädiere dafür, alle Rinder, die vor dem 1. Juli 1990 aus Großbritannien importiert wurden, mit einem Schlachtverbot zu belegen. Seehofer weist diese Bitte zurück – mit einer beliebten Begründung: Isolierte deutsche Maßnahmen würden in einem gemeinsamen Markt nicht zum Erfolg führen. Der Bundesgesundheitsminister erhält in diesem Jahr auch einen Brief aus Brüssel zum Thema. «Eine neue öffentliche Debatte über die BSE-Problematik wäre gefährlich», schreibt der Absender, EU-Agrarkommissar Rene Steichen. Und: «Jede neue Diskussion hat dramatische Auswirkungen auf den Rindfleischverbrauch der gesamten Gemeinschaft.»

Warnungen werden auch in dieser Zeit konsequent überhört. Wieder wendet sich der Rinderfacharzt Helmut Clausen in einem Brief vom 26. Mai 1994 an den nun amtierenden Landwirtschaftsminister Jochen Borchert und weist auf seine Sorgen bezüglich der geringen Aktivitäten der Bundesregierung beim Umgang mit BSE hin. Auch eine Warnung des Bundesgesundheitsamtes bleibt unbeachtet. Es müsse damit gerechnet werden, so das Berliner Amt 1994, «dass die Erkrankung auch auf Primaten einschließlich des Menschen übertragen werden kann». Die Schlussfolgerung des Gesundheitsamts: Ein generelles Einfuhrverbot für britisches Rindfleisch müsse her.

Doch bis zum März 1996 passiert so gut wie nichts. Erst als aus Großbritannien das alarmierende Eingeständnis einer möglichen Übertragbarkeit von BSE auf den Menschen bekannt wird, setzt sich Borchert plötzlich wie sein Kollege Seehofer für ein Exportverbot britischer Rinder und Rindfleischprodukte ein. Dabei hatte er genau das ein Jahr zuvor noch abgelehnt – mit der von Seehofer übernommenen Argumentation: «Kein Alleingang.» Drei Monate später, als das EU-weite Exportverbot für britischen Rindersamen, Gelatine und Talg gelockert werden soll, ist Borchert mutiger. Anfang Juni votiert Borchert gegen die Exportlockerungen der EU, wird aber überstimmt. Plötzlich denkt der Bundeslandwirtschaftsminister sogar wieder über einseitige Handelsbeschränkungen nach.

Was die Sicherheit der deutschen Fleischverzehrer angeht, ist Borchert selbst dann noch von seiner Maxime «Deutsches Rindfleisch ist sicher» überzeugt, als aus Großbritannien die Möglichkeit der maternalen Übertragung eingeräumt wird. Eine Übertragung der BSE von der Mutterkuh auf das Kalb sei hierzulande «zweifelsfrei nicht möglich», sagt der Minister Anfang August 1996. Übrigens sei nicht nur das Rindfleisch in Deutschland sicher, auch alle Milchprodukte halte er für unbedenklich. Deshalb verweigert sich Borchert in Brüssel auch dem Vorschlag, potenziell hoch gefährliche Risikomaterialien von Wiederkäuern aus der Nahrungsmittelkette zu entfernen. Die Entnahme einzelner Organe käme auch ziemlich teuer: Der Schlachtvorgang wird komplizierter und braucht somit mehr Zeit; außerdem muss sichergestellt sein, dass das Risikomaterial anschließend verbrannt wird. Offenbar will Borchert diese zusätzliche Last weder den Bauern noch dem Fleischhandel aufbürden – in einer Zeit, wo der Schlachtpreis für Kühe in Deutschland erstmals unter dem für Schweine liegt.

Zur Aktion sieht sich das deutsche Landwirtschaftsministerium erst wieder im Januar 1997 genötigt. In diesem Monat taucht das fünfte deutsche BSE-Rind auf: Cindy aus Höxter in Ostwestfalen. Cindy gerät in die Schlagzeilen, weil lange Zeit unklar ist, ob es sich bei der Kuh um einen Direktimport aus Großbritannien oder um einen Abkömmling eines solchen Importrindes handelt. Sollte Letzteres der Fall sein, wäre nun genau das in Deutschland eingetreten, was Borchert ein halbes Jahr zuvor noch kategorisch ausgeschlossen hatte. Doch es zeigt sich nach der Aufdeckung manipulierter Herkunftsdokumente, dass Cindy wohl doch ein Importrind war. Als Reaktion auf den fünften deutschen BSE-Fall fordert Borchert im Januar 1997 die Notschlachtung aller aus Großbritannien und der Schweiz eingeführten Rinder. 5200 Kühe, überwiegend Zuchtrinder, sind von diesem Schlachtplan betroffen, der noch im gleichen Monat per Eilverordnung von der Bundesregierung erlassen wird.

Doch die betroffenen Bauern wehren sich. Es kommt zu Rechtsstreitigkeiten, an der die Eilverordnung scheitert. Deshalb lässt Borchert die Notschlachtung der Importrinder am 21. März 1997 vom Bundesrat absegnen. Doch wieder ohne Erfolg. Zahlreiche Verwaltungs- und Oberverwaltungsgerichte bezeichnen die Verordnung in den kommenden Monaten als nichtig wegen schwerer sachlicher Mängel. Die Zwangstötung, an der Ex-Landwirtschaftsminister Karl-Heinz Funke (SPD) noch bis April 2000 festhält, ist faktisch seit Mai 1997 wirkungslos. Einige hundert der betroffenen 5200 Rinder leben heute noch.

Im Herbst 1998 entscheidet die Opposition die Bundestagswahlen für sich. Karl-Heinz Funke, bisher Landwirtschaftsminister in Niedersachsen, übernimmt das Bonner Agrarministerium. Im Januar 1999, während die EU-Bewertung von BSE-Schnelltests läuft, wollen wir wissen, was der sozialdemokratische Landwirtschaftsminister von der Einführung solcher BSE-Schnelltests in Deutschland hält. Funke: «Im Zusammenhang mit BSE hat die Sicherheit unserer Verbraucher für mich höchste Priorität. Tests zur Untersuchung auf BSE werden derzeit von der Europäischen Kommission evaluiert. Diese Bewertung (...) soll im Frühjahr diesen Jahres abgeschlossen sein. (...) Sobald diese Arbeiten mit positivem Ergebnis abgeschlossen sind, werden mit Blick auf den vorbeugenden Verbraucherschutz die erforderlichen Schlüsse gezogen.» Die erforderlichen Schlüsse hat die Bundesregierung allerdings erst im November 2000 gezogen, als das erste originär deutsche BSE-Rind bei Bauer Peter Lorenzen in Schleswig-Holstein gefunden wurde. Erst seit dem 6. Dezember 2000 werden deutsche Schlachtrinder, die älter als 30 Monate sind, einem BSE-Schnelltest unterzogen, zwei Jahre nachdem Funke «mit Blick auf den vorbeugenden Verbraucherschutz die erforderlichen Schlüsse» ziehen wollte. Noch am 15. November 2000 hatte Funke im EU-Veterinärausschuss gegen die Einführung flächendeckender BSE-Schnelltests gestimmt: Deutschland sei schließlich BSE-frei und brauche solche teuren Tests folglich nicht.

Untätig bleibt der Landwirtschaftsminister auch, als die EU im Juli 1999 das Exportverbot für britisches Rindfleisch kippt. Während die bayerische Sozialministerin Barbara Stamm (CSU)

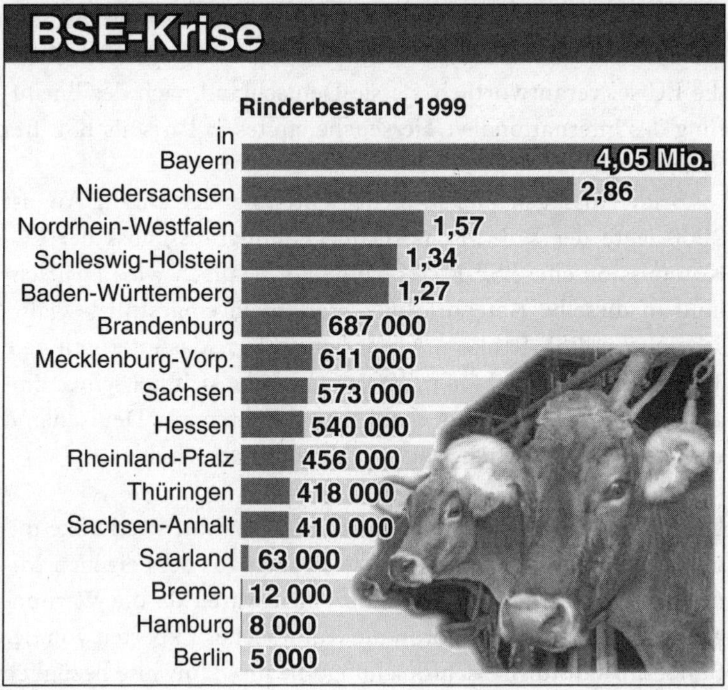

dpa, Grafik 4093

umgehend einen Einfuhrstopp im nationalen Alleingang sowie die Einführung von BSE-Schnelltests in Großbritannien verlangt, versichert Funke: «Die Verbraucher in Deutschland müssen sich beim Einkauf von Rindfleisch keine Sorgen machen.» Bei Fleisch aus Deutschland bestehe keinerlei Risiko: «Wir sind BSE-frei», so der Landwirtschaftsminister am 15. Juli 1999.

Diese Auffassung vertritt Funke noch bis einschließlich November 2000. «Ich bin der felsenfesten Überzeugung, dass deutsches Rindfleisch sicher ist», verkündet der Landwirtschaftsminister am 20. November 2000. Vier Tage später wird das erste in Deutschland geborene deutsche BSE-Rind gemeldet. Konfrontiert mit seiner Aussage, deutsches Rindfleisch sei sicher, antwortet der Landwirtschaftsminister, er sei falsch informiert worden und von anderen Voraussetzungen ausgegangen. Auch die EU sei verantwortlich, da sie Deutschland nach der Einstufung des internationalen Tierseuchenamtes in Paris als BSE-frei deklariert habe.

Beide Aussagen sind so nicht richtig. Bereits Anfang August 2000 legte der Wissenschaftliche Lenkungsausschuss der EU-Kommission eine BSE-Risikostudie vor. Danach wird Deutschland in dieselbe Kategorie wie Frankreich eingestuft: «wahrscheinliches BSE-Risiko». Außerdem erklärte das Internationale Tierseuchenamt im Januar 2001, man habe sich bei seiner Einschätzung immer nur auf Zahlen und Fakten aus Deutschland verlassen – die Einschätzung sei also selbst verschuldet.

Dass deutsches Fleisch nicht ganz so sicher war, wie Funke immer wieder gerne beteuerte, hätte er auch aus dem eigenen Ministerium erfahren können. Zum einen waren da die Warnungen der Forscher, allen voran die Kulmbacher Experten von der Bundesanstalt für Fleischforschung, die ihre Hinweise bezüglich BSE-verseuchter Wurst nicht nur an das Gesundheitsministerium sandten, sondern auch an den Landwirtschaftsminister. Zum anderen haben seine eigenen Mitarbeiter über ein Jahr lang mit den Kollegen des Gesundheitsministeriums über ein generelles Tiermehlverbot geredet. Doch während manche von Funkes Mitarbeitern ein umfassendes Tiermehlverbot für alle Nutztiere forcierten, war der Landwirtschaftsminister von der Unbedenklichkeit der Tiermehlfütterung an Schweine und Geflügel überzeugt: «Diese Futtermittel entsprechen den hygienischen Anforderungen, sind gesundheitlich unbedenklich und folgen dem Gedanken der Kreislaufwirtschaft.» Erst nach dem ersten deutschen BSE-Rind und der eiligen Verabschiedung des Gesetzes zum Verbot der Tier- und Knochenmehlverfütterung besann sich der Minister der Verbraucher: «Tiermehl wird aus der Futtermittelkette verschwinden. (...) Im Übrigen sind die ethischen Gesichtspunkte zu berücksichtigen; immer mehr Menschen tragen solche Bedenken vor.» (Zitiert aus einer Pressemitteilung vom 27. November 2000)

Gesundheitsministerin Fischer und ihre Rolle rückwärts

Es gibt ein einfach zu merkendes Datum, seit wann sich die ehemalige Bundesgesundheitsministerin Andrea Fischer (Grüne) intensiv und aktiv mit dem Thema Rinderwahnsinn beschäftigt: Es ist der 24. November 2000, der Tag, an dem die erste deutsche BSE-Kuh bestätigt wird. Fischer gelingt es, in den darauf folgenden Tagen das Bild einer verantwortungsvollen und dem Verbraucherschutz höchste Priorität einräumenden Gesundheitsministerin zu erwecken. Nach dem «GAU der industrialisierten Landwirtschaft», wie die Ministerin den ersten BSE-Fund medienwirksam betitelt, bringt Andrea Fischer innerhalb von wenigen Tagen ein generelles Tiermehlfütterungsverbot durch den Bundesrat, das auch für Schweine, Geflügel und Fische gilt. Außerdem erwirkt sie ein Gesetz, demzufolge in Deutschland alle Schlachtrinder, die älter als 30 Monate sind, einem BSE-Schnelltest unterzogen werden müssen. Diese Vorschrift tritt am 6. Dezember 2000 in Kraft, gerade einmal zwölf Tage nach der Entdeckung der ersten deutschen BSE-Kuh.

Unterbliebene Reaktion kann man dem Gesundheitsministerium also nicht vorwerfen. Doch es ist eben nur Reaktion, denn Prävention hat die grüne Ex-Gesundheitsministerin beim Thema BSE nicht walten lassen. Beispiel BSE-Schnelltest: Kurz nach der Bundestagswahl im Herbst 1998 befand das Bundesinstitut für gesundheitlichen Verbraucherschutz und Veterinärmedizin, eine direkt dem Bundesgesundheitsministerium unterstellte Einrichtung, in Deutschland brauche es keine umfangreichen BSE-Tests. «Wozu ein Test? Wir haben BSE-freie Bestände», sagte der Sprecher des Instituts Mitte Oktober 1998. * Diese Auffassung teilten nicht alle; auch nicht alle Politiker. Bärbel Höhn, Nordrhein-Westfalens grüne Umweltministerin, lässt im Frühjahr 1999 freiwillig mehr als 5000 Rinder in ihrem Bundesland auf Rinderwahnsinn testen. Dem Schnelltest werden sowohl junge als auch alte Rinder sowie einheimische und Importkühe unterzogen. Einen positiven Befund gibt es nicht. Allerdings auch keine Nachahmer. Ihr Ziel, dem BSE-Schnelltest durch ihre Aktion zu größerer Verbreitung zu verhelfen, erreicht Bärbel Höhn nicht.

Wenig Sinn für Verbraucherängste zeigte Andrea Fischer auch bei der Aufhebung des Exportverbots für britisches Rindfleisch. Als die EU-Kommission im Sommer 1999 Großbritannien die Ausfuhr von Rindfleisch ab dem 1. August 1999 wieder erlaubt, warnen Wissenschaftler und Verbraucherschützer. «Das Exportverbot wurde zu früh aufgehoben», glaubt der Leiter der BSE-Projektgruppe am Berliner Robert-Koch-Institut. Auch der Neuropathologe und Creutzfeldt-Jakob-Spezialist Hans Kretzschmar hält die Aufhebung für verfrüht: «Es ist zu forsch zu sagen, alles ist ganz sicher.» Bärbel Höhn hält den Import britischen Beefs gar für «unverantwortlich» angesichts von mehr als 2000 britischen BSE-Fällen in 1999. Nicht so Andrea Fischer. Sie reist Ende September 1999 nach London, wo sie sich mit dem britischen Agrarminister Nick Brown trifft. Dort erklärt sie, Deutschland werde alles tun, um die EU-Regelungen bezüglich der Aufhebung des Exportverbots in ganz Deutschland umzusetzen. Den Briten bescheinigt sie, sie hätten beim Kampf gegen BSE «eine drastische Kurskorrektur» vollzogen, britisches Rindfleisch sei «safe».

* Zitiert nach: Focus vom 19. 10. 1998, «Fast beim Metzger»

Doch ein großer Teil der Bundesländer, die der Aufhebung des Exportverbots im Bundesrat zustimmen müssen, halten Rindfleisch aus Großbritannien für gefährlich. Sie verweigern die Aufhebung des Importstopps über Monate und lassen sich von Andrea Fischers Empfehlung, der Aufhebung zuzustimmen, nicht beeindrucken. Ende Oktober 1999 versichert die Gesundheitsministerin, eine Aufhebung des Importverbots gebe es nur unter der Voraussetzung, dass damit eine strenge Kennzeichnungspflicht für Rindfleisch einhergehe. Doch noch in demselben Monat verschiebt Brüssel die umfassende Rinderetikettierung. Die Regelung, die Verbrauchern ab dem 1. Januar 2000 Auskunft hätte geben sollen über Geburts-, Mast- und Schlachtort des Rindes, wird um zwei Jahre hinausgezögert.

Andrea Fischer ist in einer Zwickmühle. Einerseits sitzt ihr die EU im Rücken, die mit einem Vertragsverletzungsverfahren gegen Deutschland droht. Andererseits sind da die Bundesländer, die den Importstopp nicht bedingungslos aufheben wollen. Anfang Februar 2000 stellt Andrea Fischer im Bundeskabinett eine «BSE-Verordnung» vor, die die Einführung einer gesonderten Kennzeichnungspflicht für britisches Rindfleisch vorsieht. Nach ihren Vorstellungen sollen alle aus Großbritannien eingeführten Rindfleischprodukte einen sechseckigen XEL-Stempel tragen oder sonst wie als britisch gekennzeichnet sein, auch wenn das Fleisch in Kantinen oder Restaurants serviert wird. «Die Kennzeichnung ermöglicht es dem Verbraucher, selber zu entscheiden, ob er britisches Rindfleisch essen möchte oder nicht», sagt Fischer. Das Bundeskabinett billigt die Verordnung.

Doch manche Bundesländer sind mit dieser Regelung nicht zufrieden. Sie glauben nicht, dass alle EU-Länder bei der Kennzeichnung mitmachen werden. Immer noch zeichnet sich keine Mehrheit für die Aufhebung des Importstopps im Bundesrat ab. Andrea Fischer greift zu einem anderen Mittel: Einschüchterung. Ende Februar 2000 warnt sie die Bundesländer vor einem

Festhalten am Einfuhrboykott. Inzwischen hat die Europäische Kommission ein Vertragsverletzungsverfahren wegen des deutschen Importverbots gegen Berlin eingeleitet. Andrea Fischer lässt nun prüfen, in welchem Umfang die Länder sich an einer eventuellen Strafe des Europäischen Gerichtshofs wegen Vertragsverletzung beteiligen müssten. Es kursiert die Zahl von 1,5 Millionen Mark Strafgeld am Tag.

Die Kombination aus Druck und dem Versprechen, britisches Rindfleisch durchgehend zu kennzeichnen, wirkt. Am 17. März 2000 stimmt der Bundesrat mehrheitlich für die Aufhebung des Einfuhrverbots. Überraschend ist, dass auch unionsgeführte Länder wie Sachsen plötzlich zustimmen. Lediglich Ministerin Bärbel Höhn muckt auf. «Was wir hier machen, ist ein Feldversuch an der Bevölkerung», sagt sie nach der Entscheidung. Hinter ihr steht die Masse der Konsumenten. So halten 76 Prozent der Bundesbürger das Ende des Einfuhrverbots für britisches Rindfleisch für falsch – trotz der XEL-Kennzeichnung.

Die von Andrea Fischer versprochene Kennzeichnung britischer Rindfleischprodukte entpuppt sich schnell als wenig wirksam. Im November 2000 muss die Gesundheitsministerin feststellen, dass sich die meisten EU-Staaten nicht an die Regelung halten. Diese Länder verarbeiten britisches Rind und exportieren es ohne XEL-Stempel weiter. Andrea Fischer räumt diesen Ländern eine Übergangsfrist von sechs Wochen ein, um dem deutschen Wunsch nach Kennzeichnung nachzukommen. Sie droht mit umfassenden Importverboten gegen diese EU-Staaten. Als die sechs Wochen vorbei sind, passiert nichts. Deutschland hat nun andere Sorgen: eine eigene BSE-Krise.

Als das erste deutsche BSE-Rind Ende November 2000 offiziell bestätigt wird, übernimmt das Gesundheitsministerium das BSE-Kommando. Andrea Fischer richtet einen BSE-Arbeitsstab in ihrem Ministerium ein. Plötzlich müssten «alle anderen Länder sofort in die verpflichtenden Tests einsteigen», plädiert die

Ministerin Anfang Dezember für eine EU-weite Einführung von BSE-Schnelltests – nachdem die rot-grüne Regierung zwei Jahre lang nicht mal auf Bundesebene die Testeinführung für notwendig erachtete. Das Gleiche gilt für das Tiermehlverbot. Auch hier blieb die Bundesregierung untätig, bis Ende November 2000.

Doch selbst nach dem ersten originären deutschen BSE-Rind fehlt es der ehemaligen Gesundheitsministerin an Einsicht. Befragt, ob sie Versäumnisse in Sachen BSE einräumen müsse, antwortet Andrea Fischer am 26. November 2000: «Die alte Kohl-Regierung hat die BSE-Gefahr permanent verharmlost.»*

«Wir sind frei von BSE» – Deutsche Politiker widersetzen sich den Forderungen der EU-Experten

«Es bestehen Zweifel, dass Deutschland völlig frei von diesen Krankheiten (wie BSE) ist.» Was heute wie selbstverständlich klingt und selbst Bauernfunktionären über die Lippen kommt, ist ein vier Jahre altes Zitat. Im Spätherbst 1996 hatten sich Inspektoren des EU-Agrarkommissars Franz Fischler auf den Weg nach Deutschland gemacht und die BSE-Maßnahmen in der Bundesrepublik überprüft. Das Resultat ihrer Recherchen war so alarmierend, dass Fischler im Februar 1997 den Bundeslandwirtschaftsminister Jochen Borchert in einem vertraulichen Brief über Schlupflöcher im deutschen System in Kenntnis setzte: So hatten die EU-Kontrolleure unter anderem festgestellt, dass zwei Tierkörperbeseitigungsanlagen in Bayern die Sicherheitsstandards bei der Verarbeitung von Hochrisikomate-

* «Umdenken ist erforderlich», Süddeutsche Zeitung vom 27. 11. 2000

rial nicht einhielten. Außerdem wollten die Inspektoren nicht ausschließen, dass verseuchtes Tiermehl aus Großbritannien über Drittstaaten nach Deutschland gelangt sein könnte.

«Bei uns wurde noch nie Tiermehl an Wiederkäuer verfüttert», ließ Borchert den EU-Agrarkommissar wissen und das Thema auf sich beruhen. Bis zum November 1997. In diesem Monat beantragt die Bundesregierung wider besseres Wissen bei der EU-Kommission die Einstufung als «BSE-freies Land». Der Hintergrund ist finanzieller Natur: Länder der Europäischen Union, die als BSE-frei gelten, müssen neue Brüsseler Bestimmungen zum Schutz vor der Rinderseuche BSE nicht anwenden. Es geht unter anderem mal wieder ums Risikomaterial. Borchert will der deutschen Fleischindustrie das kostenträchtige Entfernen von Rinderrückenmark, -innereien und dem Schädel ersparen.

Auch Borcherts Nachfolger, der SPD-Agrarminister Karl-Heinz Funke, setzt die BSE-Blockadepolitik fort. Als die neue Regierung im Herbst 1998 in Bonn einzieht, werden weder neue Vorsichtsmaßnahmen gegen den Rinderwahnsinn ergriffen noch Anstrengungen unternommen, die angebliche BSE-Freiheit im eigenen Land zu beweisen. Es bleibt bei der altbekannten BSE-Strategie: Wer nicht sucht, findet auch nichts. «Die Deutschen haben auf europäischer Ebene alles verhindert», erinnert sich ein deutscher Parlamentarier, der der rot-grünen Regierung eine «bockbeinige Haltung» beim Umgang mit der Rinderseuche attestiert.

Dem Europäischen Parlament behagt diese Selbstgefälligkeit einiger Länder ganz und gar nicht. Bereits im BSE-Untersuchungsausschuss hatten die Parlamentarier ein Instrument gefordert, das es ihnen ermöglicht, einzelne Länder zum Handeln in Sachen Rinderwahn zu zwingen. Nach langer Auseinandersetzung zwischen Kommission und Parlament können die Parlamentarier schließlich ihren Wunsch nach einer BSE-Länderrisikoanalyse durchsetzen. Diese Bewertung soll Aufschluss darüber geben, wie hoch der BSE-Druck in den einzelnen Ländern ist. Unabhängig von der Zahl der gemeldeten Fälle soll das Risiko in den einzelnen Ländern abgeschätzt werden, dass Rinder infiziert sind beziehungsweise infiziert werden könnten. Mitgliedstaaten, die nach dieser Bewertung ein BSE-Risiko haben, müssten dann BSE-Vorsorgemaßnahmen mittragen, statt sie zu verhindern.

Am 1. August 2000 präsentiert der Wissenschaftliche Lenkungsausschuss der EU diese für insgesamt 23 Länder erarbeitete Risikostudie. Die Bundesrepublik wird in die Kategorie III eingestuft: als «BSE-Risikostaat». Nur Großbritannien und Portugal stehen noch schlechter da; sie gelten als Staaten, in denen die Wahrscheinlichkeit, dass Rinder mit dem BSE-Erreger in Berührung kommen, am höchsten eingeschätzt wird. Die Empörung auf deutscher Seite ist groß, besonders, weil die Bundesrepublik in die gleiche Kategorie eingestuft wird wie die Schweiz und Frankreich. Frankreich verzeichnet zu dem Zeitpunkt annähernd 200 BSE-Fälle, die Schweiz mehr als 300. Der deutsche Agrarminister Funke, der jahrelang wie seine Vorgänger die stereotype Behauptung «Wir sind BSE-frei» hinausposaunte, versucht umgehend in Brüssel zu intervenieren. Ohne Erfolg. Zwar kann der Landwirtschaftsminister seine politische Entrüstung kundtun, doch angehen kann er gegen die Bewertung nicht. So bleibt Funke nichts weiter übrig, als die Risikoabschätzung als «politische Einstufung» und «unbewiesene Annahme» zu diffamieren. «Wir können das nicht nachvollziehen», legt ein Sprecher des Landwirtschaftsministeriums im August 2000 nach. Die Einstufung als Land mit «wahrscheinlichem BSE-Risiko» beruhe auf völlig veralteten Daten.

Mit der Einstufung in die Kategorie III kann sich Deutschland nicht länger gegen die Empfehlung einzelner BSE-Bekämpfungsmaßnahmen stemmen. Als die EU zum wiederholten Mal vorschlägt, ab dem 1. Oktober 2000 Risikomaterialien von Wiederkäuern aus der Nahrungs- und Futtermittelkette herauszunehmen, ist die Bundesrepublik nun als BSE-Risikoland in der Umsetzungspflicht. Der Deutsche Bauernverband schäumt. Er findet, «in Deutschland sind alle Vorkehrungen zum Schutz der Verbraucher getroffen. Die Freiheit von BSE, strengere Futtermittelauflagen und das in Deutschland generell vorgeschriebene Drucksterilisationsverfahren zur Herstellung von Tiermehl schließen jedes Risiko der Übertragung von Krankheitskeimen einschließlich der BSE-Erreger aus.» Das Entfernen des Risikomaterials unterlaufe das deutsche System zum Schaden der Landwirtschaft, findet der Verband und beruft sich auf eine Studie der Bundesforschungsanstalt für Landwirtschaft in Braunschweig, die errechnet hat, dass die Umsetzung der Maßnahme des Agrarrats «allein in Deutschland Kosten in Millionenhöhe» verursacht. Verschleuderte Gelder, noch dazu «ohne Nutzen für den Verbraucherschutz», konstatiert der Bauernverband.*

Doch Deutschland muss sich fügen. Gleiches gilt für die seit 1. Januar 2001 vorgeschriebenen Schnelltests. Erstmals sollen so die mehr als 85 Millionen Rinder in der Europäischen Union – rund 15 Millionen davon in Deutschland – systematisch auf BSE untersucht werden. Alle EU-Länder, die nach Auffassung des Wissenschaftlichen Lenkungsausschusses BSE-gefährdet sind, müssen deshalb seit dem 1. Januar 2000 einen Teil der gefallenen und notgeschlachteten Rinder auf die Seuche hin testen, das sind jährlich bis zu einer halben Million Tiere. Nur Länder, die als BSE-frei gelten, brauchen den EU-Empfehlungen nicht zu folgen. In Europa sind das laut BSE-Risikostudie lediglich Österreich, Finnland und Schweden.

* Zitiert aus der DBV-Information vom 21. 6. 2000: «DBV verärgert über Entscheidung des Agrarrats zu BSE»

Das Ende einer Märchenstunde – der erste Test ist positiv

Es ist 10.40 Uhr, als Peter Lorenzen den alles entscheidenden Anruf des Veterinärarztes aus Rendsburg in Schleswig-Holstein erhält. Es ist der 24. November 2000, ein Freitag. Zwei Tage zuvor hatte Bauer Lorenzen ein paar Milchkühe an einen Schlachter in Itzehoe verkauft. Und nun die Hiobsbotschaft: Eines seiner Tiere, eine fünf Jahre alte rotbunte Milchkuh, hatte BSE. Mit dieser Diagnose geht der Bauer aus dem idyllischen Hörsten in Schleswig-Holstein unfreiwillig in die Geschichte ein: als der Landwirt, bei dem das erste originär deutsche BSE-Rind gefunden wird.

Es ist ein Schock, nicht nur für Lorenzen. Entgegen allen Mutmaßungen tritt der erste deutsche BSE-Fall nämlich nicht in einer industriellen Großanlage auf, sondern in einem bäuer-

lichen Kleinbetrieb. Peter Lorenzen hat den Bauernhof vor sechs Jahren von seinem Vater übernommen, wie dieser schon von seinem Großvater. Der 38-jährige Junior betreibt darüber hinaus eine ganz traditionelle Landwirtschaft: Im Sommer dürfen seine 170 Rinder auf die Weide. Und im Winter gibt Lorenzen den Kühen das, was auf seinen 50 Hektar wächst und gedeiht: Heu und Grassilage. Auch ein wenig gepresstes Kraftfutter fügt er in der kalten Jahreszeit noch hinzu, doch die Futterlisten hat Lorenzen immer wieder überprüft, sagt er – und zwar zusammen mit dem Veterinäramt.

Auch der Amtstierarzt, Hans Treinies, hat keine Erklärung. «Die Kuh war völlig unauffällig», sagt er, «aber sie hatte an ihrer Zitze eine eitrige Verletzung, was die Milchproduktion erschwerte. Deshalb wurde sie zum Schlachten gegeben.»* Auch das Veterinäramt in Rendsburg-Eckernförde spricht von einem «völlig normalen Milchviehbestand». Auf Lorenzens Hof standen ausschließlich rot- und schwarzbunte Rinder aus eigener Zucht. Die BSE-Kuh war im Juli 1996 in Lorenzens Stall zur Welt gekommen, die Mutter stammte vom Hof, der Deckbulle kam aus der Nachbarschaft.

In den folgenden Tagen werden insgesamt sieben Futtermittellieferanten überprüft, die zwischen 1995 und Ende 2000 den Hörstener Hof beliefert haben – ohne Erfolg. In den Rinderfuttermittelproben wird kein Tiermehl gefunden. Während die Ursachenforschung in Schleswig-Holstein auf Hochtouren läuft, zankt sich die Regierung mit der Opposition. Es kommt zu ersten Schuldzuweisungen. Zwei Tage nachdem der erste deutsche BSE-Fall bestätigt wird, wirft der bayerische Ministerpräsident Edmund Stoiber (CSU) der rot-grünen Bundesregierung Versäumnisse beim Umgang mit der BSE-Krise vor. Gesundheitsministerin Andrea Fischer (Grüne) hält dagegen: «Die Vorwürfe

* Zitiert nach: Die Welt vom 27. 11. 2000, «Der Unglücksbauer»

sind abenteuerlich. (...) Wenn einer bei BSE auf der Bremse steht, sind es die Bayern.»* Auch Landwirtschaftsminister Karl-Heinz Funke (SPD) weist die Vorwürfe der Union, Tiermehl nicht rechtzeitig verboten zu haben, zurück. Tierfutter, so Funke, würde in Deutschland unter strengen Sicherheitsauflagen produziert: «Wir haben hierbei seit Jahren den höchsten Standard, die EU-Regelungen wurden und werden bei uns jeweils sofort umgesetzt.»**

Genau das erweist sich in den folgenden Wochen als unwahr. So muss der bayerische Landwirtschaftsminister Josef Miller (CSU) kurz vor Weihnachten einräumen, seit 1995 über «Verschleppungen» – gemeint ist mit Tiermehl verunreinigtes Rinderfutter – unterrichtet gewesen zu sein. Verunreinigungen waren jedoch auch in der jüngeren Vergangenheit ein Thema. Bei einer Kontrollreise hatten EU-Veterinärinspektoren im September 2000 die BSE-Bekämpfung in Bayern, Nordrhein-Westfalen und Baden-Württemberg unter die Lupe genommen. In Bayern fanden die Kontrolleure in 75 Prozent der Futtermittelproben für Wiederkäuer Verunreinigungen mit Tiermehl. Rücktrittsansinnen weist Miller allerdings zurück: Man habe in Bayern mehr Futtermittel-Untersuchungen durchgeführt, als von der Europäischen Union gefordert wurden, verteidigt sich der Landwirtschaftsminister. Bis zum Jahresende werden in der Bundesrepublik insgesamt sieben originäre BSE-Fälle bekannt. Fünf der wahnsinnigen Rinder stammen aus Bayern.

Immer wieder werden bis zum Jahreswechsel auch Rücktrittsforderungen gegen Funke und Fischer laut. Bundeskanzler Gerhard Schröder kann erneute Ministerwechsel zu dem Zeitpunkt allerdings nicht gebrauchen. Er stellt sich hinter die grüne

* Zitiert nach: Süddeutsche Zeitung vom 27. 11. 2000, «Parteien weisen einander Schuld an BSE-Krise zu»

** Ebenda

Gesundheitsministerin und auch hinter Funke – selbst dann noch, als dieser von EU-Verbraucherkommissar David Byrne Ende Dezember 2000 attackiert wird. Byrne hält dem deutschen Landwirtschaftsminister vor, bereits im März 2000 eine Studie erhalten zu haben, die ein BSE-Risiko für Deutschland für wahrscheinlich hielt. Das Landwirtschaftsministerium weist den Vorwurf zurück. Der Bundeskanzler beruft unterdessen die Bundesrechnungshof-Chefin Hedda von Wedel zur BSE-Beauftragten. Sie soll nach Schwachstellen «auf allen politischen Ebenen» suchen, so Schröder. Als die BSE-Beauftragte Anfang des Jahres ihre Arbeit aufnimmt, verkündet sie eine schnellstmögliche Aufarbeitung der Rinderkrise: Hedda von Wedel will ihren Abschlussbericht noch vor der Sommerpause 2001 vorlegen. Einige «Schwachstellen» erledigen sich jedoch wenige Tage später von selbst: Am späten Nachmittag des 9. Januar 2001 erklärt Gesundheitsministerin Andrea Fischer überraschend ihren Rücktritt. Keine Stunde später folgt ihr Landwirtschaftsminister Funke nach – nachdem ihn Bundeskanzler Schröder per Telefon zu diesem Schritt zwingen musste.

Die Schweiz macht es vor – vom besseren Umgang mit der Epidemie

Auch die Schweiz ist beim Umgang mit BSE nicht das perfekte Vorbild. 1990 erklärt der zuständige Bundesrat Delamuraz, das menschliche Risiko, als Folge von BSE zu erkranken, sei in jedem Fall kleiner als das Risiko, auf dem Zürcher Paradeplatz von einem Krokodil gebissen zu werden. Trotz solcher unseriösen Risikoabwägungen muss man aber feststellen, dass die Schweiz das BSE-Problem wesentlich früher und auch konsequenter anging als alle anderen Staaten. So ist im November

1990, als im Schweizer Jura bei einer sechs Jahre alten Kuh der erste Schweizer BSE-Fall diagnostiziert wird, eine Maßnahme bereits in Kraft: Seit Juni 1990 dürfen lebende Rinder, Rindfleisch sowie Tiermehle aus Großbritannien nicht mehr in die Schweiz eingeführt werden. Angesichts des ersten BSE-Rindes ergreifen die Behörden umgehend weitere Maßnahmen. Noch im November 1990 wird die Verwendung von Risikomaterial von Rindern, die älter als sechs Monate sind, in Lebensmitteln verboten. Dafür braucht die Europäische Union immerhin zehn Jahre länger.

Ebenfalls Ende 1990 führt die Schweiz die Meldepflicht für BSE ein. Außerdem wird im Dezember ein Verfütterungsverbot von Tiermehl an Wiederkäuer erlassen – ebenfalls vier Jahre, bevor Brüssel diese Vorschrift verabschiedet.

Doch die präventiven Maßnahmen können BSE in der Schweiz auch nicht verhindern. Zwischen 1991 und 1995 erhöht sich die Zahl der jährlich erkrankten Rinder von neun auf 68. Damit ist die Schweiz nach Großbritannien und Irland das Land mit den meisten Fällen von Rinderwahnsinn. Während das Bundesamt für Veterinärwesen noch im Juli 1994 befindet, «weitere Schutzmaßnahmen sind nicht nötig», verstärkt die Schweiz ihre Maßnahmen zur BSE-Bekämpfung ab 1996 um ein Vielfaches. So beschließt der Bund Ende 1996 einen Bundesschlachtplan, wonach der gesamte Bestand, in dem sich das BSE-Rind befunden hatte, getötet werden muss. Die Herdenschlachtung ist ein schwerer Schlag für die Schweizer Bauern. Denn bis dato mussten sie nur das erkrankte Tier töten lassen. Viele Forscher halten die Herdenschlachtung darüber hinaus für überzogen, da die bis einschließlich 1996 registrierten 230 Schweizer BSE-Rinder in 222 Beständen aufgetaucht sind, also fast nie zwei Rinder auf einem Bauernhof krank wurden.

Zwei Jahre früher als die Bundesrepublik ist die Schweiz auch beim Verbot von Separatorenfleisch. Bereits im Januar

1998 untersagt die Schweiz die Herstellung von Wurstwaren, die Fleisch von der Wirbelsäule von Rindern, Schafen oder Ziegen enthalten. Mitte des Jahres wird die umfangreiche Validierung des Prionics-BSE-Schnelltests abgeschlossen. Der evaluierte Test, der BSE-Rinder nach acht Stunden erkennt, ist die Basis für das aktive Überwachungsprogramm, das die Schweiz seit 1999 probt. Nach einem Beschluss des Bundesamtes für Veterinärwesen werden seit Anfang 1999 im großen Umfang Schweizer Kühe auf BSE getestet. So müssen alle verendeten, getöteten oder krank geschlachteten Rinder, die älter als 24 Monate sind, mit dem Schnelltest untersucht werden. Außerdem gibt es Stichproben bei den Normalschlachtungen, etwa 7000 pro Jahr. Die Kosten für die Tests tragen in der Schweiz die Kantone, was in Deutschland den Bundesländern entspricht.

Mit dieser gezielten Untersuchung von Rinderrisikopopulationen hat die Schweiz eine führende Rolle in der aktiven epidemiologischen Überwachung von BSE übernommen. Allerdings muss sie dafür auch einen Preis bezahlen: Die BSE-Zahlen steigen wieder. Bevor die Schweiz umfangreich testete, gab es 1998 insgesamt 14 BSE-Rinder. Ein Jahr später waren es 25, drei davon waren bei normal geschlachteten Tieren im Rahmen des Überwachungsprogramme gefunden worden. Doch man kann es auch positiv ausdrücken: Zwar steigen die BSE-Zahlen, andererseits steigt jedoch gleichzeitig die Zahl der kranken Kühe, die nicht länger unerkannt in die menschliche Nahrungskette gelangen.

Bei der Entscheidung der Schweizer Regierung, umfangreiche Tests durchzuführen, spielten neben dem Schutz der Konsumenten natürlich auch wirtschaftliche Interessen eine Rolle. So hoffte man, die Testserie würde zu einem Abbau von Handelsblockaden beitragen. Dieser Wunsch hat sich bislang nicht erfüllt. Immer noch halten rund 40 Länder Exportbeschränkungen für Schweizer Vieh und Fleischerzeugnisse aufrecht.

Verabschiedet hat man sich in der Schweiz mittlerweile von der Herdenschlachtung, wie sie beispielsweise in der Bundesrepublik – mit Ausnahme des Bundeslands Bayern – praktiziert wird. Seit Juli 1999 werden in der Schweiz nur noch so genannte Kohorten eines BSE-Rindes getötet: Das sind alle Rinder des betroffenen Hofes, die im selben Jahr, ein Jahr vor und ein Jahr nach der Geburt des an BSE erkrankten Tieres geboren wurden. Ausgeweitet hat man hingegen die Schutzvorkehrungen beim Tiermehl. Seit 1. Januar 2001 darf auch in der Schweiz kein Tiermehl mehr an landwirtschaftliche Nutztiere verfüttert werden. Zu dieser Maßnahme sah sich die Regierung gezwungen, nachdem zwei BSE-Fälle bei Rindern bekannt wurden, die nach den verschärften Schweizer Maßnahmen von 1996 geboren wurden. Um sicher zu gehen, dass das Tiermehl nicht trotzdem verfüttert wird, soll der in der Schweiz anfallende Kadaverbrei in Zementwerksöfen verbrannt werden. Die neuen Fälle von Rinderwahn bei Tieren, die nach 1996 zur Welt kamen, stimmten die Wissenschaftler des Bundesamtes für Veterinärwesen vorsichtig: Die Schweiz wird nach ihren Vorstellungen nun nicht bis 2003 BSE-frei sein, sondern erst drei Jahre später.

Auf das BSE-Problem reagieren seit Anfang des Jahres auch die beiden Schweizer Handelsriesen Coop und Migros. Seit Februar 2001 führen die Lebensmittelhändler freiwillig BSE-Schnelltests bei allen Rindern durch, die 20 Monate oder älter sind. Bei Coop sind das jährlich etwa 25 000 Kühe. Die Kosten in Höhe von 2,5 Millionen Franken pro Jahr sollen nach Auskunft des Unternehmens nicht auf den Verbraucher umgelegt, sondern von Coop getragen werden. Anders Migros: Die Kosten, die für die jährlich etwa 80 000 Tests anfallen, will der Konzern zunächst mit den Schlachthöfen verrechnen, die den Aufschlag wohl an die Viehhändler weitergeben werden.

Eine Lücke in der Schweizer BSE-Überwachung sieht der Hirnforscher und Prionics-Gründer Bruno Oesch allerdings darin, dass keine Schweine getestet werden. Dabei, so Oesch, seien Schweine prädestiniert dafür, BSE zu kriegen. Doch «die Schweizer Veterinärbehörden haben beschlossen, dass Schweine nicht getestet werden, weil sonst die Kunden verunsichert sind. Die Logik: Findet man bei Schweinen etwas, bricht die Schweineindustrie zusammen.»* Oesch befürchtet, dass möglicherweise BSE-infizierte Schweine zu Tiermehl verarbeitet und wieder an Schweine verfüttert werden – ein altbekannter Kreislauf also.

Die Forschung braucht Geld – und plötzlich ist es da

«Millionen müssen in die Erforschung von BSE und Creutzfeldt-Jakob-Krankheit gesteckt werden», fordert der Neuropathologe und CJK-Forscher Hans Kretzschmar im Dezember 2000. Und, man glaubt es kaum, er bekommt sie prompt. Denn angesichts der seit November schwelenden BSE-Krise in Deutschland sind die Minister so freigebig wie nie zuvor: zehn Millionen Mark aus Bayern, fünf Millionen aus Sachsen, ein paar Millionen vom Forschungsministerium, Hunderttausende aus dem Gesundheitsministerium, dessen Ministerin denn auch großzügig versichert, «am Geld für Forschung soll es nicht scheitern». Auch das Bundesministerium für Ernährung, Landwirtschaft und Forsten lässt sich nicht lumpen: Es stellt gleich ein ganzes Eiland, die Ostseeinsel Riems, für die BSE-Forschung bereit.

Doch der seit Dezember 2000 sprudelnde Geldfluss täuscht über so manche Schwachstelle der BSE-Forschung hinweg. Zwischen 1993 und Ende 2000 gab es für die BSE-Forschung gerade

* «Das kümmert kein Schwein», Die Zeit vom 7. 12. 2000

mal direkte deutsche Fördermittel in Höhe von 15 Millionen Mark. Und auch die Pharmaindustrie interessiert sich kaum für die neue Kuhkrankheit, auch nicht für die menschliche Variante der Rinderwahns. Der Grund ist ökonomischer Natur: Die Erforschung eines Medikaments gegen vCJD, die Millionen verschlingen würde, lohnt sich einfach nicht für ein Industrieunternehmen. So stellt der britische BSE-Forscher John Collinge in einer zynisch anmutenden Berechnung fest, dass sich die Entwicklung einer Creutzfeldt-Jakob-Therapie für eine Pharmafirma nicht mal dann lohnt, falls 130000 Menschen an vCJD erkranken sollten. Für Pharmakonzerne sei es nun mal wesentlich lukrativer, Therapiemöglichkeiten für Krankheiten zu entwickeln, an denen sehr viele Menschen leiden – wie zum Beispiel Krebs oder Alzheimer. Insofern hat Collinge ziemlich viel Glück: Seine Abteilung am Londoner St. Marys Hospital wird vom Pharmariesen Glaxo Wellcome unterstützt. Der Konzern stellt den Wissenschaftlern kostenlos Equipment für die Prionenforschung zur Verfügung, wie etwa Screening-Apparate.

Doch es sind nicht nur die Pharmakonzerne, die Forschung betreiben, sondern auch der Staat. Die Europäische Union förderte seit 1996 etwa 58 Verbundprojekte rund um die Prionenforschung mit einem Etat von zirka 110 Millionen Mark. In Deutschland verteilen die Deutsche Forschungsgemeinschaft und mehrere Ministerien Gelder sowohl für die Grundlagenforschung als auch für einzelne Projekte. So wird beispielsweise die Forschungsarbeit der CJD-Überwachungsstelle in Göttingen zum Großteil vom Gesundheitsministerium finanziert, das im Jahr 2000 über einen Forschungsetat von 8,3 Millionen Mark verfügte. Seit Mai 1993 erhält Professor Sigrid Poser, in Göttingen zuständig für die Neurologie, für die Untersuchung zur Epidemiologie und Frühdiagnose humaner spongiformer Enzephalopathien etwa 500000 Mark jährlich vom Berliner Gesundheitsministerium. Hinzu kommen EU-Gelder, die allerdings nur für Tagungen bereitgestellt werden. Außerdem wird sich die Göttinger Forschungseinrichtung dieses Jahr um weitere Fördermittel beim Forschungsministerium bemühen, die im Rahmen des «Netzwerks Demenz» vergeben werden. Finanziert werden soll damit ein weiteres Forschungsprojekt zur BSE/CJK-Frühdiagnose der Göttinger Wissenschaftler.

Das Gesundheitsministerium unterstützt darüber hinaus ein weiteres CJK-Forschungsprojekt seit Ende 1999: die Frühdiagnostik bei transmissiblen spongiformen Enzephalopathien (TSE), an denen das Paul-Ehrlich-Institut zusammen mit dem Robert-Koch-Institut arbeitet. Insgesamt 600 000 Mark stellt das Gesundheitsministerium für diese Forschungsarbeit bis zum November 2002 dafür bereit. Insgesamt finanzierte das Bundesgesundheitsministerium die CJK-Forschung im vergangenen Jahr mit etwas mehr als einer Million Mark.

Kein Geld hatte das Gesundheitsministerium bislang für die reine BSE-Forschung übrig. Doch das soll sich im Jahr 2001 ändern. So ist ein Forschungsvorhaben, das sich mit dem Nachweis von Risikomaterialien in Fleischerzeugnissen beschäftigt, für das laufende Jahr beantragt. Der Antrag liegt zurzeit dem Bundesinstitut für gesundheitlichen Verbraucherschutz und Veterinärmedizin zur Begutachtung vor.

Annähernd 15 Millionen Mark stellte das Bundesministerium für Bildung und Forschung zwischen 1993 und 2000 für die Erforschung des Prionenproteins zur Verfügung. «Uns interessiert vor allem der Übertragungsweg und eine mögliche Therapie für transmissible spongiforme Enzephalopathien», sagt der Sprecher der Forschungsministerin, Ali Arslan. So förderte das Forschungsministerium beispielsweise eine Versuchsreihe mit Hamstern am Robert-Koch-Institut (RKI). 262 000 Mark erhielt das RKI zwischen September 1997 und August 2000, um die Zugangsrouten des Prions zum Gehirn zu erforschen.

Wie viel Geld exakt pro Jahr in die BSE-Forschung fließt,

kann das Forschungsministerium, das über ein Jahresbudget von 16 Milliarden Mark verfügt, allerdings nicht mitteilen – denn viele Forschungseinrichtungen wie die Max-Planck-Institute oder die Helmholtz-Zentren erhalten pauschale Summen, aus denen sich der Anteil von BSE-Forschungsarbeiten nicht herausrechnen lässt. Nur so viel lässt sich sagen: Von den 16 Milliarden Mark werden dieses Jahr (2001) etwa 1,5 Milliarden Mark in die Gesundheitsforschung investiert.

Genaue Summen kann auch das Bundeslandwirtschaftsministerium für die von ihm geförderte BSE-Forschung nicht nennen. Doch angesichts der Ende 2000 ausgebrochenen BSE-Krise ist man zu größeren, auch finanziellen, Anstrengungen bereit. So soll auf der Ostseeinsel Riems, auf der sich bereits seit mehr als 90 Jahren eine Forschungseinrichtung befindet, das «Institut für neue und neuartige Tierseuchenerreger» ausgebaut werden. Insgesamt sollen dort sechs technische Assistenten, sechs Wissenschaftler und ein Institutsleiter BSE am lebenden Großtier, also an Kühen, erforschen. Noch im Januar 2001 hat man zu diesem Zweck ein Kalb einer deutschen BSE-Kuh auf die Insel in der Ostsee verfrachtet. Allerdings wird dafür an anderer Stelle gespart: Der Ausbau der Forschungsstätte in Riems geht zulasten der Bundesforschungsanstalt für Viruskrankheiten der Tiere in Tübingen, dem nationalen BSE-Referenzzentrum – personell und finanziell.

Prompt reagierte im Dezember 2000 auch die bayerische Staatsregierung auf die BSE-Krise. Zehn Millionen Mark machte das Finanzministerium locker, die nun über das Kultusministerium verteilt werden. Schwerpunktmäßig sollen in den kommenden Jahren folgende Bereiche gefördert werden:

- die Grundlagenforschung zu Prionproteinen,
- die Erforschung eventueller Verbreitungswege beim Menschen,

- die Therapieforschung beim Menschen,
- die Erforschung neuer und die Verbesserung vorhandener Testverfahren beim Rind, insbesondere auch am lebenden Tier,
- die Überprüfung genetischer Faktoren bei der Entstehung von BSE und
- die Erforschung der Möglichkeit der Übertragung von BSE auf andere Tierarten.

Das Zehn-Millionen-Mark-Paket der bayerischen Staatsregierung ist sicher einer der größten Brocken in der plötzlich angekurbelten BSE-Forschung – abgesehen von den 350 Millionen Mark, die aus Erlösen der UMTS-Lizenz-Versteigerung stammen und in den nächsten drei Jahren in die Genomforschung gepumpt werden, in deren Rahmen wiederum auch nach genetischen Ursachen der Creutzfeldt-Jakob-Krankheit gesucht werden dürfte. Doch alles ist relativ. An dem Tag, als der Kabinettsauschuss unter Leitung des Ministerpräsidenten Edmund Stoiber am 29. Dezember 2000 den Ausbau der bayerischen Forschungsvorhaben beschloss, wurden auch die Bauern nicht vergessen. Die Landwirte im Freistaat erhalten im Rahmen dieses BSE-Maßnahmenpakets zwölf Millionen Mark zusätzliche Hilfe von der Landesregierung – immerhin zwei Millionen Mark mehr, als in die Forschung fließen.

Das Rätsel der Prionen – die Creutzfeldt-Jakob-Krankheit

Ronnie Richardson ist Lkw-Fahrer und lebt in Liverpool. Wir hatten uns mit ihm verabredet und trafen ihn vor seinem Haus, als er gerade mit seinem Laster von der Arbeit heimkehrte. Richardson ist Witwer. Seine Frau Ann starb am 5. Januar 1996 an den Folgen der Creutzfeldt-Jakob-Krankheit. Die Krankheit hatte 16 Monate gedauert. Richardson schilderte, dass seine Frau zunächst depressiv wurde. Eigentlich ungewöhnlich für Ann, sie sei immer eine starke Frau gewesen, kein Typ für Depressionen. Doch die Medikamente, die ihr die Ärzte dagegen verschrieben, zeigten keine Wirkung. Im Gegenteil, es wurde immer schlimmer. Ann sei gestolpert und ständig hingefallen. Sie habe zunehmend ihr Erinnerungsvermögen verloren. Wieder fuhr Ronnie mit ihr zu den Experten, und wieder wurde sie untersucht. Die Nebenwirkungen des Medikaments seien Schuld daran, dass seine Frau ständig stolpere und falle, erklärten ihm die Neurologen.

Ronnie Richardson konnte das Leiden seiner Frau schließlich kaum noch ertragen. Er setzte die Medikamente ab, die für die Gleichgewichtsstörungen verantwortlich sein sollten. Doch Ann konnte ihre Gliedmaßen auch danach nicht mehr kontrollieren. Sie brauchte ständige Betreuung. Hilflos konsultierte Richardson abermals die Mediziner. Er wollte wissen, warum seine Frau auch nach dem Absetzen der Medikamente ständig stürzte. Die Antwort der Ärzte: Vielleicht stelle sie sich einfach nur an. Mit dieser Antwort fuhr der Mann seine Frau nach Hause. Er konnte nichts Entscheidendes tun, nur abwarten, bis eines Tages die Krankheit so weit fortgeschritten war, dass sie in ein Krankenhaus eingeliefert werden musste. Dort wurde Ann Richardson dann die letzte Diagnose gestellt: Der Ehemann bekam zu hören, dass seine Frau einen Nervenzusammenbruch erlitten habe.

Als Richardson uns im Garten seines Hauses diesen Bericht vom Verlauf der Krankheit und dem Verhalten der Ärzte gab, spürten wir seine Wut und Verzweiflung. An dem Tag, an dem seine Frau starb, fuhr er ein letztes Mal ins Krankenhaus, um die Todesursache zu erfahren. Die Ärzte sagten ihm, dass die 41-jährige Ann Richardson an den Folgen des Nervenzusammenbruchs gestorben sei. Es vergingen zehn Wochen, Richardson glaubte noch immer, dass seine Frau einen Nervenzusammenbruch nicht überlebt hatte. Dann erhielt er einen Anruf aus Edinburgh von der zentralen Überwachungsstelle für Creutzfeldt-Jakob-Erkrankungen. Nun wurde ihm endlich die Wahrheit über die Todesursache mitgeteilt. Richardson erfuhr, dass seine Frau an der Creutzfeldt-Jakob-Krankheit gestorben war.

An jenem Tag, als er endlich die wirkliche Todesursache erfuhr, wurde sie der ganzen Welt mitgeteilt. Denn das Telefonat erreichte Richardson am 20. März 1996, wenige Stunden vor der Debatte im britischen Unterhaus zu den Besorgnis erregenden neuen Creutzfeldt-Jakob-Erkrankungen in Großbritannien. Ronnie Richardson erfuhr erst jetzt, dass seine Frau Ann auch einer dieser neuen Fälle war. «Alle anderen haben es gewusst, die Minister, die Regierung, die Chirurgen, dass meine Frau an vCJK gestorben ist – alle außer mir.»

Es war ein trauriges Spiel, das die Verantwortlichen in Großbritannien mit den Angehörigen der Opfer über Monate trieben. Sie hatten damals vor allem eines im Sinn: möglichst lange den Ausbruch einer neuartigen Erkrankung, die mit BSE in Verbindung stehen könnte, zu verschweigen. Denn man wusste, dass dies mit einem sofortigen Exportverbot in die Europäische

Union einherginge. Am 20. März war das Schweigen nicht mehr aufrechtzuerhalten. In seiner berühmt gewordenen Erklärung vor dem britischen Unterhaus musste Gesundheitsminister Stephen Dorrell die Existenz von bereits zehn Fällen der neuen Creutzfeldt-Jakob-Krankheit einräumen.

Mittlerweile sind in Großbritannien 97 Menschen an vCJK erkrankt oder gestorben, in Frankreich vier, in Irland und der Schweiz jeweils einer (Stand: Januar 2001). Seitdem es die ersten Erkrankungsfälle auch in Ländern außerhalb des Vereinigten Königreichs gibt, arbeiten die Forscher in Europa eng zusammen. Jedes Land hat ein so genanntes Referenzzentrum für die Creutzfeldt-Jakob-Krankheit. In Deutschland befindet sich dieses Zentrum in der Universitätsklinik Göttingen.

In Frankreich haben die ersten Fälle von vCJK erhebliches Aufsehen erregt und einigen politischen Wirbel ausgelöst. Im Nachbarland ist es möglich, Politiker und Behörden wegen der Folgen ihres Tuns zu verklagen, wenn ihnen fahrlässiges oder gar absichtliches Fehlverhalten zum Schaden anderer vorgeworfen werden kann. Die Familien zweier vCJK-Opfer haben dies getan. Ihre Vorwürfe erinnern stark an die Erfahrungen von Ronnie Richardson einige Jahre zuvor in Großbritannien.

Der 19-jährige Arnaud Eboli, ein normaler junger Mann, der allenfalls durch eine starke Neigung zu Hamburgern auffiel, erkrankte 1999. Er glaubte selbst, an menschlichem Rinderwahn zu leiden, eine Diagnose, die die Ärzte schließlich bestätigten. Am 24. Dezember 1999 wurde den Eltern erklärt, dass ihr Sohn sterben müsse. Zuvor war Arnaud wochenlang im Krankenhaus untersucht worden; die Familie erfuhr darüber fast nichts. Nachdem die Eltern ihren todkranken Jungen mit nach Hause genommen hatten, kümmerte sich dann kein Arzt mehr um sie, erklärte seine Mutter, Dominique Eboli, den französischen Medien.

Das zweite, eigentlich das erste, Opfer, die 36-jährige Laurence Duhamel, starb am 4. Februar 2000 an der Krankheit. Ihr Bruder Jean berichtet von ähnlichen Erfahrungen mit den Medizinern. Vertuschung und Heimlichkeiten seien an der Tagesordnung gewesen. Und die Ärzte seiner Schwester hätten sich zum Schluss kaum noch sehen lassen, das Pflegepersonal habe sich seiner Schwester nur mit Mundschutz und Gummihandschuhen bewehrt genähert. Der Familie indessen habe man stets gesagt, es genüge, sich nach dem Besuch der Kranken gründlich die Hände zu waschen.*

In Großbritannien haben sich mittlerweile Selbsthilfeorganisationen gegründet. Die Mitglieder sind fast alle in irgendeiner Weise von der tragischen Erkrankung eines Angehörigen durch die menschliche Form der BSE betroffen. Einer von ihnen ist Kevin George Minto. Er wohnt mit seinen beiden Kindern in einem kleinen Haus in Sunderland. Als wir ihn besuchen, erzählt er uns von der schrecklichen Zeit, als die Erkrankung bei seiner Frau Amanda Jean Minto geb. Bell langsam, ganz langsam begann, um dann immer schneller voranzuschreiten. In seiner Wohnung stehen die Hochzeitsfotos und etliche Bilder, in denen Amanda Jean Minto mit den Kinder gemeinsam zu sehen ist. Kevin George Minto drückt uns beim Abschied einen Bericht in die Hand. Es ist der Bericht, den jeder Angehörige eines vCJK-Opfers der zentralen Untersuchungsstelle zu erstatten hat. Dort erhofft man sich, durch möglichst detaillierte Angaben wissenschaftlich verwertbare Hinweise zu bekommen, wodurch sich Amanda Jean Minto infiziert hat und warum die Krankheit möglicherweise bei ihr ausgebrochen ist.

«Meine Frau war immer fröhlich und wirkte sehr gesund, sie liebte ihre Kinder, und sportlich war sie auch, schließlich hatte sie einige nationale Meisterschaften im Judo gewonnen. Doch

* Vgl. dazu auch: Jacqueline Henard: «Arnauds Agonie» Die Zeit, Nr. 49, vom 30. 11. 2000

dann begann ihre Krankheit. Mandy brachte ihre Kinder zur Schule, als sie auf dem Eis ausrutschte. Sie rief mich an, und ich fuhr nach Hause, um zu sehen, wie es ihr ging. Als ich ankam, saß sie in einem Stuhl und weinte. Dieses Verhalten passte überhaupt nicht zu ihr. Sie sagte, ihre Knie würden schmerzen, und als ich mir diese ansah, fiel mir lediglich auf, dass die Knie ein wenig gerötet waren, mehr aber nicht. In den Wochen darauf wurde es mit Mandy immer schlimmer. Ihre Launen nahmen zu, sie ließ sich gehen und hatte Schwierigkeiten zu laufen. Der Hausarzt diagnostizierte eine Depression und verschrieb Medikamente. Doch die Koordinationsschwierigkeiten nahmen zu, und ihr Gedächtnis ließ langsam nach. Nun brachten wir sie in ein Krankenhaus, und dort sprach man von einem Virus, der das Gehirn angegriffen habe. Die Ärzte erklärten schon bald, für sie nichts mehr tun zu können, und wir nahmen sie mit nach Hause. Dort wurde ihr Zustand immer schlimmer, Mandy war mittlerweile ein kompletter Pflegefall geworden. Meine Frau fiel ins Koma, als dann Atemnot hinzukam, brachte ich Mandy ins Krankenhaus. Die Ärzte diagnostizierten eine Infektion der Atemwege und meinten, dass sie in Mandys Zustand keine Wiederbelebungsmaßnahmen unternehmen würden. Bis zu diesem Zeitpunkt hatte mir noch niemand gesagt, an welcher Krankheit sie überhaupt litt. Drei Monate hatte sie im Dämmerzustand gelegen. Aber von den Ärzten war zunächst nichts über die Diagnose zu erfahren. Erst auf langes Drängen mutmaßten sie, es könne sich um die Creutzfeldt-Jakob-Krankheit handeln.

Meine Söhne wurden in der Schule gehänselt. Kinder riefen: ‹Eure Mutter war eine verrückte Kuh.›»*

* Kevin Minto 1999 im Gespräch mit den Autoren

Die klassische und die neue Creutzfeldt-Jakob-Krankheit

Die Creutzfeldt-Jakob-Krankheit trägt ihren Namen nach zwei deutschen Nervenärzten – Hans-Gerhard Creutzfeldt und Alfons Jakob –, die sie Anfang des vergangenen Jahrhunderts erforschten und 1920 zum ersten Mal beschrieben. Die Creutzfeldt-Jakob-Krankheit (CJK, englisch: CJD) ist eine schwammartige Veränderung des Gehirns, von der bis zur BSE-Krise Mitte der 90er-Jahre fast ausschließlich ältere Menschen betroffen waren. Die Patienten leiden zunächst unter Gedächtnisproblemen. Sie sind erhöht reizbar, es kommt zu Verwirrtheit und Orientierungslosigkeit, auch zu unkontrollierbaren Muskelzuckungen. Im fortgeschrittenen Stadium zeigen sich Lähmungserscheinungen. Die Patienten bauen körperlich schnell ab und fallen schließlich in der Regel nach wenigen Monaten in ein Koma, aus dem sie nicht mehr erwachen. Die Krankheit führt immer zum Tod, es gibt keine Therapie.

CJK trat bislang nur sporadisch auf; auf eine Million Einwohner kommt ein bekannter Fall. Das Durchschnittsalter der an der klassischen Form Erkrankten liegt in Europa zwischen 60 und 70 Jahren, voraus geht eine Inkubationszeit zwischen 20 und 40 Jahren. Die Infektionsursache ist weitgehend ungeklärt. Von einigen wenigen der Menschen ist bekannt, dass sie sich bei Transplantationen infiziert haben, bei 10 bis 15 Prozent wurde eine genetische Veranlagung ausgemacht. In 85 Prozent der Fälle aber weiß niemand, warum die Creutzfeldt-Jakob-Krankheit ausbrach.

Als der britische Gesundheitsminister Dorrell am 20. März 1996 die Möglichkeit der Übertragung von BSE auf den Menschen einräumen musste, berichtete er von damals zehn Fällen einer neuen Variante der Creutzfeldt-Jakob-Krankheit (vCJK), die sich in einigen gravierenden Einzelheiten von der klassischen

Form unterschied. Die betroffenen Menschen waren deutlich jünger; ihr Durchschnittsalter lag bei 27,5 Jahren, heute rechnet man etwa 29 bis 30 Jahre. Der akute Krankheitsverlauf zeigte sich in verschiedenen Symptomen verändert und war deutlich länger. Statt wie bisher etwa sechs Monate dauert das Leiden der Betroffenen mit 13 bis 14 Monaten mehr als doppelt so lange. Bei der Untersuchung der Gehirne fanden sich neben den bekannten schwammartigen Löchern so genannte amyloide Plaques, fleckenartige Eiweißablagerungen entlang der Nervenbahnen, wie sie zuvor bei Creutzfeldt-Jakob-Erkrankten so gut wie nicht wahrnehmbar gewesen waren.

Die Wissenschaftler kannten solche Ablagerungen allerdings: von den untersuchten Gehirnen der an BSE verendeten Rinder. Heute geht die Wissenschaft davon aus, dass die Übertragung von BSE auf den Menschen, die Abkunft der neuen Variante der CJK vom Rinderwahnsinn, erwiesen ist, wie auch im offiziellen BSE-Untersuchungsbericht der britischen Regierung vom November 2000 festgehalten wird.

Der Erreger: entartete Prionen

Es hat etliche Jahre gedauert, bis die Wissenschaft wusste, wie der BSE-Erreger beschaffen ist. Noch 1996, als die Übertragbarkeit von BSE auf den Menschen bekannt wurde, vermutete eine Reihe ernst zu nehmender Forscher einen Virus hinter Scrapie, BSE und Creutzfeldt-Jakob-Krankheit. Inzwischen hat sich die Theorie durchgesetzt, das diese Krankheiten durch so genannte Prionen ausgelöst werden, eine Erkenntnis, die insbesondere von Schweizer Forschern an der Technischen Hochschule Zürich in den vergangenen Jahren durch immer neue Erkenntnisse erhärtet worden ist.

Die Prionentheorie geht auf die Forschungen des amerikanischen Neurologen Stanley Prusiner von der Stanford University in San Francisco zurück. Prusiner hatte seine Theorie Anfang der 80er-Jahre in der Auseinandersetzung mit dem Scrapie-Erreger gebildet, nachdem er feststellte, dass sich dieser Erreger durch erbgutschädigende Einflüsse nicht beeindrucken ließ. Er zog daraus den Schluss, dass es sich bei dem Erreger um einen Stoff ohne Erbsubstanz handelt: um Eiweiß. Prionen sind also infektiöse Eiweiße (Proteine). Sie besitzen keine Genstruktur und sind für unsere körpereigene Abwehr, das Immunsystem, nicht zu identifizieren. Prionen sind äußerst widerstandsfähig. Sie überstehen hohe Temperaturen, Desinfektionsmittel, Sterilisation, UV-Licht und sogar hohe Dosen von Röntgenbestrahlung.

Prion steht für «Proteinaceous Infectious Particle» (eiweißhaltiger infektiöser Erreger, PrPsc). Jeder Mensch produziert gesunde Proteine (PrPc). Diese gesunden Eiweißstoffe im Gehirn sind Forschungsergebnissen zufolge notwendig, um bestimmte Gedächtnisleistungen zu ermöglichen. Sie werden in einem regelmäßig verlaufenden Prozess von den Nervenzellen aufgebaut und von Enzymen wieder abgebaut. Doch die Enzyme räumen nur solche Eiweiße weg, die sie auch als zu diesem Zyklus zugehörig erkennen, und dafür ist ihre Struktur von Bedeutung. Normale Eiweiße sind weitgehend spiralförmig aufgebaut, ähnlich einer Sprungfeder. Bei der Entstehung der Creutzfeldt-Jakob-Krankheit ist der Prozess des Eiweißauf- und -abbaus gestört. Nach der Theorie der Prionenforscher passiert Folgendes: Die Eiweiße verändern ihre räumliche Anordnung, die Sprungfeder wird gleichsam zum Teil auseinander gezogen.

Dies allein würde die rapide Entwicklung der Krankheit noch nicht erklären. Stanley Prusiner vermutet, dass die defekten Eiweiße in der Lage sind, den normalen Eiweißen ihre Struktur aufzuprägen. Ist dies einmal geschehen, so ist die

Krankheit nicht mehr zu stoppen. Immer mehr gesunde Prionen werden in infektiöse umgewandelt und zerstören die Nervenzellen des Gehirns, an denen sie sich schließlich milliardenfach anlagern. Das Gehirn stirbt ab. Der Erreger von BSE und CJK ist also ein «entartetes» Prion. Was zu dieser Veränderung führt, ist bislang ebenso ungeklärt wie die Frage, warum diese Prionen offenkundig den Weg ins Hirn suchen, sobald sie in den Organismus Eingang gefunden haben. Indessen haben die Prionen-Forscher inzwischen herausgefunden, dass auch die Beschaffenheit der Prionproteine bei Mensch und Rind für die Nähe und Übertragbarkeit von BSE und CJK spricht. Molekularbiologen und Biophysiker der Technischen Hochschule Zürich um Professor Karl Wüthrich stellten fest, dass die Struktur des Prionproteins beim Rind mit der beim Menschen nahezu identisch ist. Sie unterscheiden sich allein in der elektrostatischen Ladung ihrer Oberflächen. Dieser Umstand legt die Schlussfolgerung nahe, dass der BSE-Erreger auf den Menschen noch viel infektiöser wirkt, als zuvor angenommen.

Das klingt beunruhigend, heißt es doch, dass der Erreger die Artengrenze müheloser überwinden kann als gedacht. Allerdings könnte gerade darin auch ein Moment der Beruhigung begründet sein. Denn es würde bedeuten, dass die Inkubationszeit der Krankheit wesentlich kürzer ist als bisher vermutet und Maßnahmen der vergangenen Jahre zum Schutz vor BSE Wirkung zeitigen könnten. Und so gab der renommierte Neuropathologe der Ludwig-Maximilians-Universität in München, Professor Hans Kretzschmar, im Gespräch mit den Autoren dieses Buches im Oktober 2000 Entwarnung:

«Wir können noch nicht präzise sagen, wie viel Zeit bei der vCJK von der Ansteckung bis zum Ausbruch der Krankheit vergeht», räumt Kretzschmar zwar ein. «Es mehren sich jedoch die Hinweise, dass die Inkubationszeit umso kürzer ist, je ähnlicher körpereigenes und infektiöses Prionprotein sind. Legt man die

Ergebnisse der Schweizer Forscher zugrunde, wäre dieser Zeitraum relativ klein. Vor dem Hintergrund des seit 1988 geltenden Verfütterungsverbots von Tierkadavern an Wiederkäuer und der infolgedessen signifikanten Abnahme von BSE-Fällen seit 1993 erscheint ein exzessiver Anstieg von vCJK-Neuerkrankungen demnach eher unwahrscheinlich.»

Es bleibt indessen Ungewissheit. Über die Inkubationszeit der vCJK, also jene Zeit, die vom Tag der Infektion bis zum Ausbruch der Krankheit vergeht, weiß man in der Tat noch nicht viel. Bisher gingen die Wissenschaftler davon aus, dass die Inkubationszeit auch hier eher Jahrzehnte beträgt. Jedoch starb in Großbritannien Ende Oktober 2000 in Wigan/Lancashire auch schon ein 14-jähriges Mädchen, Zoe Jeffries, an der neuen Creutzfeldt-Jakob-Krankheit. Sie ist das bisher jüngste bekannte Opfer, und ihr Tod beweist, dass die Inkubationszeit in einigen Fällen – 1993 war bereits die 15-jährige Victoria Rimmer der Krankheit anheim gefallen – auch in der Nähe von zehn Jahren liegen kann. Niemand aber weiß, wie viele Fälle dies wären und warum der Ausbruch bei einem betroffenen Menschen länger dauert als bei einem anderen. Inkubationszeiten, die wesentlich länger dauern als bei der jungen Zoe, sind keineswegs ausgeschlossen. Und niemand weiß darüber hinaus, warum gerade junge Leute an vCJK sterben, wann sie sich wodurch infiziert haben. War der tödliche Erreger schon in der Babynahrung oder sehr viel später in einem Hamburger? Und schließlich weiß auch niemand, ob diese vCJK-Opfer bereits das Ende der Infektionskette darstellen oder ob sie den Anfang einer großen Epidemie bedeuten.

Allerdings gibt es deutliche Hinweise, dass nicht alle Menschen gleich auf den Erreger ansprechen. Britische Forschungen, die unmittelbar nach Bekanntwerden der ersten Fälle begannen, deuten darauf hin, dass es unterschiedlich starke Dispositionen für eine Infektion mit vCJK geben könnte: Die wichtigsten Bausteine der Eiweiße bestehen aus Gruppen der Aminosäuren. 253 solcher Aminobausteine sind der Wissenschaft beim Menschen bekannt; ihre Kombination ist von den Mikrobiologen sehr genau bestimmbar. Einer dieser Bausteine, Nummer 129, ist bei den Menschen unterschiedlich zusammengesetzt. Bei 50 Prozent der Europäer besteht er aus der Aminosäurenkombination Methionin–Methionin, bei den übrigen wird er entweder durch die Kombination der Aminosäuren Valin–Valin oder Valin–Methionin gebildet. Auffällig war, das die ersten elf Opfer der vCJK in Großbritannien bis auf eine Ausnahme über den Baustein Methionin–Methionin verfügten. Und es ist exakt derselbe, den auch die Rinder haben, bei denen Valin nicht vorkommt. Seitdem vermuten Wissenschaftler, dass die Übertragung vom Rind auf den Menschen leichter ist, wenn die Aminosäurestruktur die Methionin-Methionin-Kombination enthält. Das bedeutet aber nicht, dass die etwa 50 Prozent der Menschen in Europa, die ein Valin-bestimmtes Eiweiß enthalten, immun gegen die Übertragung des Rinderwahnsinns wären. Vermutlich hat der Krankheitserreger bei der Methionin-Methionin-Kombination aber leichteres Spiel. Dass es keine genetisch bedingte Immunität gegen vCJK gibt, wie Wissenschaftler zwischenzeitlich hofften, bekräftigten im vergangenen Jahr im Übrigen Untersuchungen bei einem kleinen Volk in Papua-Neuguinea, das bis vor vier Jahrzehnten gewissen kannibalistischen Praktiken huldigte.

Kuru – aus der Vergangenheit nichts gelernt?

Wenn man es genau nimmt, ist die orale Übertragung von Prionenerkrankungen nämlich seit 45 Jahren bekannt: durch die Kuru-Krankheit, die mit vCJK eng verwandt ist. Kuru wurde von dem deutsch-baltischen Arzt Vincent Cigas und dem amerikanischen Nobelpreisträger Daniel Carlton Gajdusek beschrieben. Gajdusek war die Krankheit in den 50er-Jahren bei einem kleinen Bergvolk in Papua-Neuguinea aufgefallen, dem etwa 35 000 Menschen zählenden Stamm der Fore. Kinder und Erwachsene litten gleichermaßen an ihr. Kuru bedeutet «zittern» und beschrieb ein Symptom der Krankheit. Die Betroffenen erkrankten an einem Zittern, das schließlich den ganzen Körper erfasste, bis sie starben. Gajdusek fiel damals die Verwandtschaft zur Scrapie der Schafe auf, und er fand den Weg, über den sie vermutlich weitergegeben wurde: Die Fore zelebrierten ein Totenritual, bei dem sie den Verstorbenen die Gehirne entnahmen und sich Gesicht und Körper damit einrieben. Offenbar nahmen sie dabei infiziertes Gewebe durch Mund und Augenschleimhäute auf. Und sie aßen auch von dem Hirn. Bei der neuropathologischen Untersuchung der Gehirne wurden amyloide Plaques entdeckt, die so genannten Kuru-Plaques, Ablagerungen, wie sie in den BSE-Rindern und später auch bei den Opfern der neuen Creutzfeldt-Jakob-Krankheit gefunden wurden.

Als das Bergvolk dieses Ritual um 1960 aufgab, ging Kuru, an dem seit den 30er-Jahren etwa 2600 Menschen starben, drastisch zurück, aber auch heute noch, Jahrzehnte später, werden vereinzelt Fälle bekannt. Gajduseks Experimente zeigten übrigens, dass Kuru sich auch auf andere Tierarten, zum Beispiel Affen, übertragen ließ.

Die Erfahrungen mit Kuru hätte die Wissenschaftler eigentlich frühzeitig reagieren lassen müssen. Denn zumindest bei dieser Erkrankung war klar geworden, dass durch das Essen infektiöser Organe eine Verbreitung des Erregers stattfindet. Darauf zu hoffen, dass der BSE-Erreger sich anders verhalten würde, war ziemlich tollkühn und darüber hinaus verantwortungslos.

Der britische BSE-Experte John Collinge vom St. Marys Hospital in London hat im vergangenen Jahr einige Verstorbene des Stammes der Fore untersucht und festgestellt, dass sie an der Prionenerkrankung litten – und das, obwohl sie seit 40 Jahren keine rituellen kannibalistischen Praktiken mehr vollzogen hatten. Und diese Opfer hatten jene genetische Disposition, von der die Forscher Schutz vor der Krankheit erwartet hätten. Und so folgert das englische Wissenschaftsmagazin *New Scientist*: «vCJK könnte jeden bedrohen, der dem infektiösen Agens ausgesetzt war.»* Und John Collinge geht davon aus, dass Fälle von vCJK infolge der BSE noch bis in die zweite Hälfte des Jahrhunderts auftreten werden.

Wie viele Opfer wird es geben?

Wie viele Opfer der Creutzfeldt-Jakob-Krankheit es in den kommenden Jahren und Jahrzehnten in Großbritannien und im übrigen Europa, namentlich in Deutschland, geben wird, lässt sich seriös und zuverlässig nicht sagen. Die Zahlen, die zwischen wenigen Hundert und vielen Hunderttausend schwanken, sind beim gegenwärtigen Wissensstand nicht viel mehr als Spekulation. Denn schließlich sind – wie in diesem Kapitel deutlich wurde – wesentliche Antworten auf drängende Fragen, die es den Forschern möglich machen würden, ein genaues Erkrankungsrisiko auszurechnen, noch nicht gefunden worden.

Nicht einmal die Zahl der tatsächlich infizierten Menschen ist geklärt, weder für Großbritannien noch für Europa. So schätzt der britische Molekularbiologe Stephen Dealler, dass jeder Brite im Durchschnitt 50 Mahlzeiten mit BSE-infizierten Lebensmitteln zu sich genommen hat. Was ohne viel Forschungs-

* Zitiert nach: Der Spiegel, Nr. 47, vom 12. 11. 2000: «Der lachende Tod der Menschenfresser»

arbeit jeden zum dem Schluss kommen lässt, dass der Erreger sich flächendeckend in der Bevölkerung verbreitet haben muss. Von dieser Rechnung ausgehend gibt es Experten, die sogar Millionen Tote befürchten; andere glauben, dass mit den bisherigen 90 Opfern in Großbritannien das Ende der Todesfälle nahe ist. Solange nicht klar ist, ob und was die bereits erkrankten Menschen von den bisher gesund gebliebenen unterscheidet, wie lang die Inkubationszeiten tatsächlich sind und warum der Altersdurchschnitt der Kranken so niedrig ist, wird das Ausmaß der Krankheit nicht wirklich abschätzbar sein.

Und sie gibt immer neue Rätsel auf. Für eines davon steht der Name des kleinen Dörfchens Queniborough in Mittelengland, das etwa zehn Meilen von Leicester entfernt liegt. In diesem Dorf leben 2300 Menschen. Und fünf von ihnen sind inzwischen bereits an der durch BSE verursachten vCJK gestorben. Rein statistisch hätte es hier auf Jahre nach dem ersten keinen einzigen weiteren Fall mehr geben dürfen. Verbindet sich hier eine genetische Disposition mit einer Infektion? Auch darauf haben die Wissenschaftler keine Antwort.

Es bleibt das Resümee von Professor Robert G. Will, der zu den führenden Forschern auf diesem Gebiet weltweit gehört: «... Es besteht Unsicherheit, was passieren wird. Es ist möglich, dass die Creutzfeldt-Jakob-Fälle zunehmen. Genauso kann es sein, dass die Erkrankungen begrenzt bleiben. Wir müssen einfach abwarten, was passiert. Aber die wenigen Fälle, die wir gehabt haben, zeigen, dass es eine Verbindung zu BSE geben muss. Wir glauben, dass die Menschen, die jetzt krank werden, bereits vor vielen Jahren infizierte Produkte zu sich genommen haben, möglicherweise in den achtziger Jahren. Wir können im Moment nicht vorhersagen, was geschehen wird.»*

* Robert G. Will im Gespräch mit den Autoren im Oktober 1998 in Göttingen

Nur eines ist heute schon klar: Viele der Menschen, die an der Seuche noch sterben werden, hätten sich möglicherweise nicht infiziert, wenn britische Wissenschaftler und Politiker die Bevölkerung frühzeitiger über die Gefahren aufgeklärt hätten.

Prionen im Blut – wie groß ist die Gefahr?

Alle Risikoabschätzungen im ersten Jahrzehnt nach Bekanntwerden der BSE folgten einer Grundannahme: Der Rinderwahnsinn sei nicht auf den Menschen übertragbar. Alle Maßnahmen basierten auf dieser Risikoabschätzung – und das könnte fatale Konsequenzen haben. Denn von dieser Grundannahme ausgehend folgerten Wissenschaftler und Politiker, dass auch keine Gefahr der Übertragung des Erregers von Mensch zu Mensch bestehen könne. Insofern spielten medizinische Geräte zur Behandlung von Patienten, Organtransplantationen oder Blutspenden bei der Frage nach dem Gefährdungspotenzial keine Rolle. Mittlerweile ist das anders.

Dass hier ein gewaltiges Problem entstehen könnte, wurde schon seit Jahren immer einmal wieder angesprochen. So gab uns bereits anlässlich einer BSE-Tagung 1996 in Paris Paul Brown vom Nationalen Gesundheitsinstitut (NIH) der USA ein Interview zum Gefährdungspotenzial von Blut als Krankheitsüberträger. Er machte deutlich, dass er die Übertragung des Rinderwahnsinns auf den Menschen durch Blut für nicht ausgeschlossen halte, die Übertragung des Prions durch menschliches Blut für sehr wahrscheinlich. Brown und einige seiner Kollegen erklärten bereits damals: «Weil infektiöse Prionproteine in Blutkonserven, Organtransplantaten und Nahrungsmitteln nicht unschädlich gemacht werden können, müsste in den Spendern nach ihnen gefahndet werden. Solange auch dies nicht möglich ist, sollten Organtransplantationen von älteren in jüngere Menschen und besonders die Verwendung von Blut und Blutprodukten auf das absolut unvermeidliche Maß reduziert werden. Blut und Blutprodukte von verschiedenen Spendern dürfen außerdem nicht vermischt werden, weil dies das Infektionsrisiko dramatisch erhöht.»*

In den USA und in Kanada hatten die Behörden bereits nach dem Auftreten der ersten vCJK-Fälle reagiert. Personen, die ab 1980 mindestens sechs Monate in Großbritannien gelebt haben, dürfen dort kein Blut mehr spenden. In Deutschland sind Blutkonserven aus Großbritannien inzwischen nicht mehr zugelassen, und Anfang 2001 hat man sich zudem ebenfalls dazu entschlossen, Menschen, die sich zwischen 1980 und 1996 insgesamt länger als sechs Monate im Vereinigten Königreich aufgehalten haben, als Blut- und Plasmaspender auszuschließen. Die Briten selbst müssen weitgehend auf ihr eigenes Blut zurückgreifen, reinigen dieses aber zuvor von den weißen Blutkörperchen, weil Wissenschaftler vermuten, dass sich der Krankheitserreger an diese Eiweiße andocken und sich so den Zugang in den Körper verschaffen könnte. Dasselbe Verfahren wird jetzt auch in Deutschland angewandt.

Die Befürchtungen von Experten wie Paul Brown und anderen, dass der BSE-Erreger mit Blut übertragbar ist, verdichteten sich nach einem Test, den schottische Forscher im Jahr 2000 durchführten, nahezu zur Gewissheit. Die Wissenschaftler hatten das Blut eines mit BSE infizierten Schafs in ein Schaf übertragen, und nach genau 610 Tagen erkrankte dieses Schaf am Rinderwahnsinn. Wenn also das Blut eines BSE-infizierten

* Roland Heynkes: Der Mechanismus des Rinderwahnsinns und seine Bedeutung für die moderne Medizin, Juni 1997, in: http://www.heynkes.de/review.htm

Schafs infektiös ist und Rinderprodukte, die BSE-verseucht waren, Menschen krank machen – dann spricht alles dafür, dass der Erreger auch beim Menschen durch Blut übertragen werden kann.

Denn eines ist den Wissenschaftlern schon heute klar: Das Infektionsrisiko ist nicht alleine an der tatsächlichen Zahl der Menschen festzumachen, die an der Krankheit gestorben sind, es geht weit darüber hinaus. Mit anderen Worten: Lebewesen, die den Erreger in sich tragen, müssen nicht zwangsläufig selbst davon krank werden, aber sie können den Erreger weitergeben. «Obwohl infizierte Menschen also nicht unbedingt an einer Prionkrankheit sterben müssen, ist eine echte Heilung unmöglich. Deshalb nimmt mit jeder Infektion eines Menschen die Zahl der Infektionsquellen zu. Die Prionkrankheiten müssen also vorbeugend bekämpft werden.»*

Von vorbeugender Bekämpfung der Ausbreitung der Prionkrankheiten konnte allerdings in den vergangenen Jahren kaum die Rede sein. Wer ein Infektionsrisiko durch Blut ernsthaft in Betracht zog, machte sich in einem Atemzug zugleich sämtliche Rinderzüchterverbände, Fleischindustrien und Landwirtschaftsministerien zum Gegner. Anzunehmen, dass die Seuche auch über das Blut übertragen werden kann, bedeutet nämlich zugleich, auch das bisher als weitgehend ungefährlich eingestufte Muskelfleisch der Rinder als potenzielles Infektionsrisiko wahrzunehmen.

Dass das Hirn von BSE-Rindern infektiös ist, ist bekannt. Bei Muskelfleisch oder auch Milch ist die Lage wesentlich komplexer. Im Grunde ist die Frage offen, ob ihr Genuss, wie bislang weitgehend erklärt wird, tatsächlich unbedenklich ist. Bis heute fußt diese Annahme vor allem auf wissenschaftlichen Tests mit Mäusen, denen Muskelfleischextrakt erkrankter Rinder gege-

* Ebenda

ben wurde, ohne dass die Krankheit bei ihnen dadurch ausgelöst wurde. Freilich sind diese Methoden zur Bestimmung der Infektiosität nicht allzu empfindlich. Wenn zum Beispiel die einmalige Verabreichung eines Zehntelgramms Muskelfleisch keine Erkrankung im Versuchstier in einem Beobachtungszeitraum von ein bis zwei Jahren hervorruft, so ist damit noch nicht garantiert, dass die regelmäßige Einnahme höherer Dosen über mehrere Jahre nicht doch krank machen kann.*

In Deutschland sind inzwischen eine ganze Reihe von Vorsichtsmaßnahmen getroffen worden. Doch es bleibt erstens die Besorgnis erregende Tatsache, dass sie sehr spät eingeführt wurden, und zweitens die Frage, ob sie schon ausreichen.

Im Zusammenhang mit Blut gibt es weitere potenzielle Folgerisiken, zum Beispiel in Bezug auf medizinische Instrumente. Da Prionen sehr widerstandsfähig sind, reichen herkömmliche Sterilisationsmethoden nicht aus, um eine etwaige Kontaminierung zu beseitigen. Ein Risiko wäre nur auszuschließen, wenn medizinische Behandlungsinstrumente als Einwegmaterial benutzt werden. Das gilt auch für Zahnarztpraxen. Denn nach den neuesten Studien muss davon ausgegangen werden, das überall dort, wo Blut fließt, ein Infektionsrisiko durch die Variante der Creutzfeldt-Jakob-Krankheit besteht. Da sich der Erreger auch in Mandeln schon frühzeitig ansiedelt, wird in Großbritannien konkret befürchtet, dass eine Vielzahl von chirurgischen Bestecken, die bei Mandeloperationen eingesetzt wurden, verseucht sind.

* Adriano Aguzzi: Wie gefährlich ist der Rinderwahnsinn? Eine Risiko-Abschätzung, in: http://www.bvet.admin.ch/tiergesundheit/d/ausbild_beratung/tierseuchen/bse/wissenschaft/aguzzi.html

Mediziner auf Prionenjagd – die deutsche CJK-Frühwarnstelle

Die wichtigste Forschungsstelle für die Creutzfeldt-Jakob-Krankheit in Deutschland ist an der Universitätsklinik in Göttingen angesiedelt. Leitende Ärztin des Forschungsprojekts ist die Neurologin Prof. Sigrid Poser. Gemeinsam mit ihrer Kollegin Dr. Inka Zerr wertet sie die Meldungen über ungewöhnliche Demenzerkrankungen aus, die aus ganz Deutschland hier zusammenkommen. Die Stelle ist Teil eines Forschungsverbundes, an dem weitere Institute an den Universitäten in Mainz, München und Düsseldorf teilnehmen, an denen in unterschiedlichen Arbeitsgruppen Prionerkrankungen und ihre Ursachen erforscht werden.

Sobald in Deutschland ein Verdachtsfall der Creutzfeldt-Jakob-Krankheit gemeldet wird, macht sich eine Ärztin des Göttinger Zentrums auf den Weg zu dem Ort, aus dem der Patient gemeldet wurde. Die Mediziner in Göttingen sind erfahren genug, um häufig schon an den ersten Symptomen, ziemlich sicher aber nach eingehenden Untersuchungen eine vorläufige Diagnose stellen zu können. Dazu gibt es einen abgestuften Diagnoseplan, der insgesamt dreizehn erst vor wenigen Jahren von der Weltgesundheitsorganisation WHO niedergelegte Klassifikationskriterien umfasst, die für eine klassische Form der Creutzfeldt-Jakob-Krankheit sprechen.

Bis zum Erscheinen dieses Buches wurde von den Medizinern in Deutschland noch kein Fall der neuen Creutzfeldt-Jakob-Krankheit entdeckt. Die Menschen, auf die sie aufmerksam gemacht wurden, litten entweder an der klassischen Form der Creutzfeldt-Jakob-Krankheit oder an einer anderen Demenzerkrankung, ältere Patienten beispielsweise an der Alzheimer-Krankheit oder jüngere Patienten an einer Folgeerkrankung der Masern. Grundsätzlich ist es indessen bis heute nicht möglich, zu einer hundertprozentig zuverlässigen Diagnose von CJK oder vCJK zu gelangen, solange die Patienten noch leben. Endgültige Gewissheit bringt erst eine Untersuchung des Gehirns.

Wenn die Göttinger Ärztinnen auf einen Fall von CJK gestoßen sind, versuchen sie im Kontakt mit den Angehörigen Näheres über die Lebensumstände zu erfahren, um vielleicht Aspekte herauszuarbeiten, die im Gesamtzusammenhang der Forschung Hinweise auf den Ausbruch der Krankheiten und seine Ursachen geben könnten. So werden unter anderem Fragen zu den Ernährungsgewohnheiten der Patienten gestellt, zum Berufsleben oder auch nach dem Kontakt zu Tieren. Das zusammengetragene Datenmaterial macht die Göttinger Meldezentrale zu einer Art «Frühwarnstelle» in Bezug auf qualitative und quantitative Veränderungen in der Epidemiologie der Demenzerkrankungen, speziell der Creutzfeldt-Jakob-Krankheit.

Unter den Experten ist nahezu unstrittig, dass es nur eine Frage der Zeit ist, bis der erste Fall der neuen Creutzfeldt-Jakob-Krankheit auch in Deutschland gemeldet wird. Nachdem die Mär vom BSE-freien Deutschland zerplatzt und seit November 2000 jede Woche ein neuer Fall von Rinderwahnsinn bekannt geworden ist, spricht schon die bloße statistische Wahrscheinlichkeit dafür, dass nach den Fällen in Frankreich oder der Schweiz das einwohnerstärkste Land mitten in Europa von der Krankheit nicht verschont bleiben kann.

«Dann wohl besser nicht» – Hotlines und ihre Tipps

Wo aber Gefahr ist, da wächst das Rettende auch. Wirklich? Wie reagierten Politiker und Ministerien auf die drängenden Fragen der Verbraucher, nachdem im November 2000 das erste deutsche BSE-Rind entdeckt worden war? – Früher hatte man Experten, heute gibt es Hotlines. Kaum ein Bundes- oder Landesministerium der betroffenen Ressorts, das nicht zügig eine eingerichtet hätte. Jedermann konnte in den Tagen nach der Hiobsbotschaft gewissermaßen seinen ganz persönlichen Ernährungsberater anrufen. Was hatte er zu sagen? Wir wollten es wissen und machten die Probe aufs Exempel. Im Grunde erwarteten wir kurze Gespräche, denn für den Satz: «Lassen Sie erst einmal einfach die Finger vom Fleisch!» braucht man nicht so lange. Doch es kam anders. Hier ein typisches Beispiel, im Gespräch mit der Hotline eines Düsseldorfer Ministeriums:

Hotline: Guten Tag, BSE-Hotline. Wie kann ich Ihnen helfen?

Anrufer: Guten Tag. Mich interessiert, ob ich, oder ob meine Kinder Muskelfleisch vom Rind noch essen können.

Hotline: Ja, Muskelfleisch ist ungefährlich.

Anrufer: Woher wissen Sie das?

Hotline: Die Wissenschaftler haben Versuche gemacht. Dabei wurde Mäusen infektiöses Rinderhirn gegeben. Diese Mäuse entwickelten die BSE-Symptome und starben nach kurzer Zeit. Von Muskelfleisch hingegen erkrankte keine Maus.

Anrufer: Das verstehe ich nicht. Eine Maus lebt doch nur zwei Jahre, und die Inkubationszeit soll beim BSE-Erreger sehr lang sein. Woher weiß man, dass die Maus nicht nach drei, vier oder zehn Jahren auch am BSE-infizierten Muskelfleisch erkrankt wäre?

Hotline: Das weiß natürlich keiner, so weit ist die Forschung noch nicht.

Anrufer: Der Versuch sagt also nur, dass Rinderhirn einer BSE-Kuh wesentlich infektiöser ist als das Muskelfleisch derselben Kuh?

Hotline: Genau genommen ist das richtig.

Anrufer: Wenn meine achtjährige Tochter also solch ein Stück Muskelfleisch isst, dann ist nicht auszuschließen, dass sie in, sagen wir, vierzig Jahren an der menschlichen Form von BSE, also der neuen Variante der Creutzfeldt-Jakob-Krankheit, sterben könnte?

Hotline: Das kann keiner ausschließen. Wir wissen zu wenig über die Krankheit.

Anrufer: Wie sieht es bei den Schweinen aus?

Hotline: Schweinefleisch können Sie unbedenklich essen, denn bei einem Schwein wurde noch nie BSE festgestellt.

Anrufer: Ich wollte auch nicht wissen, ob Schweine BSE kriegen können, ich wollte wissen, ob ich BSE vom Schwein kriegen kann.

Hotline: Ich verstehe Sie nicht.
Anrufer: Der britische Wissenschaftler John Collinge hat doch nachgewiesen, dass Tiere, die den BSE-Erreger aufgenommen haben, diesen auch weitergeben können, ohne selbst zu erkranken.
Hotline: Wie hieß der Wissenschaftler?
Anrufer: Collinge.
Hotline: Danke.
Anrufer: Kann ich nun Schwein essen?
Hotline: Dann wohl besser nicht.
Anrufer: Danke, auf Wiederhören
Hotline: Bitte, auf Wiederhören.

Ein Gespräch aus den ersten Tagen der deutschen BSE-Krise, aus dem man manches lernen kann. Erstens: Den Männern und Frauen an den Hotlines ist kein Vorwurf zu machen. Sie wissen selten mehr als der verunsicherte Verbraucher und müssen sich ihrerseits auf die Briefings der Experten verlassen. Diese allerdings neigen auch sechzehn Jahre nach dem ersten Auftreten der BSE in Großbritannien und fünf Jahre nach den ersten Fällen einer BSE-Erkrankung beim Menschen offenkundig immer noch dazu, Unbedenklichkeitserklärungen im Sinne der Fleischindustrie zu verbreiten. Seit Jahren eine europaweit verbreitete Praxis, von der offenbar schwer abzulassen ist.

Zweitens: Die unverzügliche Schaltung von Hotlines war politisch gesehen blinder Aktionismus, bei dem das erklärte Ziel, sinnvolle Aufklärung zu leisten, eher auf der Strecke blieb. Aktionismus, der paradoxerweise der Beruhigung dienen soll. Meistens wird das damit erklärt, dass die Verbraucher nicht verunsichert werden sollen. Aber das sind sie längst. Und offenbar ist noch nicht verstanden worden, warum: weil sich in den letzten Jahren allzu viele der im Brustton der Überzeugung vorgetragenen Unbedenklichkeitserklärungen als falsch erwiesen haben, als Irrtum oder schlimmer: als Vertuschungsmanöver.

Drittens schließlich macht das Gespräch deutlich, was im Prinzip den meisten BSE-Experten klar ist und den verantwortlichen Politikern klar sein sollte: Niemand kann derzeit ein Lebensmittel als völlig unbedenklich empfehlen, wenn nicht hundertprozentig ausgeschlossen werden kann, dass es den BSE-Erreger enthält. Was dies im Einzelnen bedeutet, werden die folgenden Kapitel erklären.

B. Was Verbraucher wissen müssen

I.

1. Vorbemerkung

Als vor fünf Jahren die erste Welle der Verunsicherung über die Verbraucher hereinbrach, hatte guter Rat Hochkonjunktur. Und angesichts der Tatsache, dass die umfassende Verbreitung von tierischen Ausgangsmaterialien, insbesondere auch von Bestandteilen des Rindes zur Herstellung nicht nur von Nahrungsmitteln, sondern auch von pharmazeutischen und kosmetischen Produkten, weniger Ausweichmöglichkeiten versprach als je ein Lebensmittelskandal zuvor, wurde insbesondere dem biologischen Landbau allenthalben eine blühende Zukunft vorausgesagt. Tatsächlich hat die Zahl der ökologisch wirtschaftenden Bauernhöfe in Deutschland seither deutlich zugenommen, von 1996 etwa um 3000 auf 10400 Ende 1999.

Insgesamt aber wechselte die Stimmung nach der britischen BSE-Krise von Besorgnis, bisweilen Alarmismus, bald wieder in Richtung auf eine relative Beruhigung. Immerhin hieß es allenthalben, dass deutsches Rindfleisch sicher sei. Und es wurden hierzulande ja auch keine weiteren kranken Rinder gefunden. (Dass gar nicht ernsthaft nach ihnen gesucht wurde, sagte niemand.) Die Nachfragen an den Fleisch- und Wursttheken nach Herkunft und Inhalt der Ware wurden immer weniger, die obligatorischen Tafeln in den Schaufenstern («Wir verwenden nur Fleisch aus ...») wurden vielfach wieder abgehängt.

Jetzt, wo der trügerische Frieden in den Fleischabteilungen erneut dahin ist, wird offenbar, dass sich die Situation für die Verbraucher nicht wesentlich verbessert hat, wenn er oder sie wissen will, was genau drin ist in der Wurst oder wie hoch das Risiko beim Rumpsteak tatsächlich einzustufen ist. Nach wie vor weiß die Forschung über BSE und die Folgen verzweifelt wenig. Dennoch besteht die Möglichkeit, beim täglichen Einkauf kompetente Entscheidungen zu treffen, um als Verbraucher möglichst auf der sicheren Seite zu sein. Auf den folgenden Seiten haben wir – ausführlich, aber ohne Anspruch auf Vollständigkeit – wissenswerte Informationen über die wichtigsten Lebensmittel- und Produktgruppen recherchiert und zusammengetragen, die im Zusammenhang mit der BSE-Krise von Bedeutung sind oder sein könnten. In begründeten Zweifelsfällen werden wir zur Vorsicht raten. Keineswegs, um Ängste zu schüren, jedoch im Bewusstsein der Erfahrung, von der die vergangenen Kapitel dieses Buches zeugen, dass sich im Zusammenhang mit der BSE-Seuche in den vergangenen Jahren allzu oft als Realität erwiesen hat, was von Experten kurz zuvor noch für unmöglich erklärt worden war.

2. Fleisch

Rindfleisch

Der Rindfleischkonsum der Deutschen hat in den vergangenen Jahren stetig abgenommen, offenbar hat die erste BSE-Krise nachgewirkt. Zwischen 1993 und 1998 ging der Verzehr von Rind- und Kalbfleisch um knapp ein Viertel zurück auf immerhin aber noch 1,2 Millionen Tonnen im Jahr. Dafür wurde entschieden mehr Geflügel gegessen, und das Schweinefleisch baute seine Spitzenposition in der Verbrauchergunst noch aus. Soll man überhaupt noch Rindfleisch essen? Das Bundesinstitut für gesundheitlichen Verbraucherschutz und Veterinärmedizin

(BgVV) in Berlin hat davon abgeraten: «Wer kein Restrisiko eingehen will, muss in der heutigen Situation Fleisch meiden.»

Warum das so ist, hat der britische Mikrobiologe und BSE-Forscher Richard Lacey bereits zu Beginn der BSE-Krise im Vereinigten Königreich auf eine knappe Formel gebracht: «Der BSE-Erreger ist überall», sagte er damals in allen seinen öffentlichen Statements und konkretisierte dies dann wie folgt: «im Gehirn, im Rückenmark, in der Leber, im Blut, in der Milch». Wenn also ein Rind mit BSE infiziert ist, kann man grundsätzlich nicht davon ausgehen, dass es eine Körperpartie des Tieres gibt, in der er nicht vorhanden wäre. Da die entarteten Eiweiße, die zerstörerischen Prionen, sich aber an Nervenzellen anlagern und über das Rückenmark den Weg ins Hirn suchen, ist ihr Vorkommen in den verschiedenen Partien des Rindes sehr unterschiedlich verbreitet.

Am größten ist die Gefahr bei Rinderhirn und dem Rückenmark, weiter bei den Augenschleimhäuten. Man schätzt, dass sie bis zu einer Milliarde der winzigen Erreger enthalten können – pro Gramm des Körpergewebes, wohlgemerkt. Deshalb gilt seit dem 1. Oktober 2000 ein europaweites Verbot der Verarbeitung dieser Teile. Auch die Mandeln und alle Teile des Darms dürfen nicht mehr verarbeitet werden. Sie, wie im übrigen auch Milz, Plazenta und Lymphknoten, gelten mit einer ermittelten Erregerhäufigkeit von bis zu einer Million pro Gramm ebenfalls als stark infiziert. In anderen Ländern, so in Großbritannien und in der Schweiz, gelten solche Verbote schon seit 1989 bzw. 1990. In Deutschland haben sich die Politiker und einige Experten lange Zeit mit dem Hinweis dagegen ausgesprochen, hier gebe es keine BSE-Gefahr. Deshalb war aus heutiger Sicht die Gefahr einer Ansteckung bei uns über Jahre möglicherweise höher als in anderen Ländern. Denn alles deutet darauf hin, dass Deutschland schon vor dem ersten aufgedeckten BSE-Fall Rinder mit dieser Erkrankung hatte, die unbemerkt blieben und gegessen wurden. Dies ist auch heute nicht ausgeschlossen, trotz der vorgeschriebenen BSE-Tests. Der Test schlägt nämlich erst bei einer schon fortgeschrittenen Infektionsstufe an. Alle anderen Tiere gelten als gesund und kommen in die Schlachtung. Darunter werden auch Rinder sein, die den BSE-Erreger haben, aber bisher noch nicht erkrankt sind. Ob solche Tiere eine Gefahr für den Menschen darstellen, ist noch nicht erwiesen, muss aber angenommen werden.

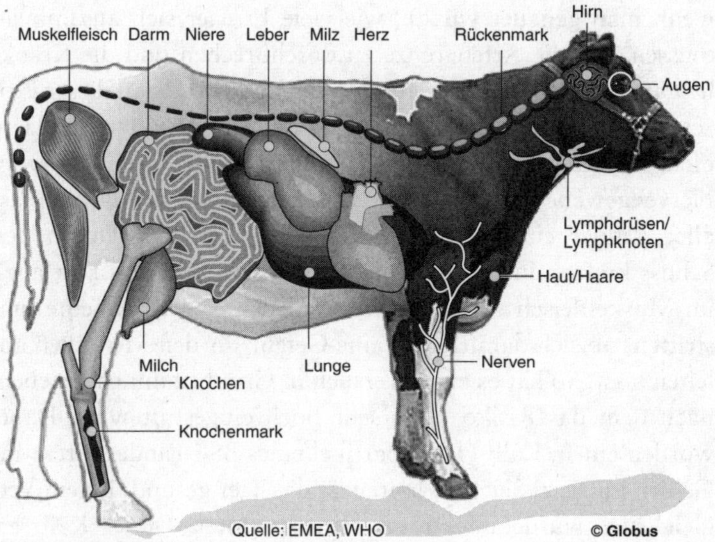

BSE-Infektions-Risiko
(Zahl der Erreger je Gramm Gewebe)

hoch (bis zu 1 Mrd.)	**Augen, Hirn, Rückenmark**
mittel (bis zu 1 Mio.)	Hypophyse, Darm, Drüsen, Hirnflüssigkeit, Lymphknoten, Mandeln, Milz, Plazenta
niedrig (bis zu 10 000)	**Knochenmark, Leber, Lunge, Nerven, Pankreas**
nicht messbar (weniger als 10)	Blut, Bindegewebe, Haare, Haut, Herz, Hoden, Knochen, Milch, Muskelfleisch, Niere, Speichel, Gebärmutter

Messbar prionenhaltig (bis zu 10 000 Erreger pro Gramm) werden beim befallenen Rind weiter Knochenmark, Leber, Lunge, Nerven und Pankreas (die Bauchspeicheldrüse) sein. Unterhalb der Nachweisgrenze (geschätzt bis zu 10 Erreger pro Gramm) liegen derzeit die Werte etwa für Muskelfleisch, Blut, Milch, Herz, Nieren und Knochen. Die Angaben der Erregerhäufigkeit können je nach Forscherteam variieren, verhältnismäßig sind aber alle Einschätzungen etwa gleich.

Ist der Verzehr von Muskelfleisch also gefährlich? Man weiß es nicht. Die Frage könnte zuverlässig nur beantwortet werden, wenn man genauer wüsste, wie viele Erreger sich ansammeln müssen, um die Artengrenze zu durchbrechen und die Krankheit auch beim Menschen auszulösen, und wie genau dieser Prozess vor sich geht. Auf jeden Fall ist das Fleisch infizierter Tiere nicht als erregerfrei einzustufen, zumal das Muskelfleisch von Nervengewebe durchzogen ist. Außerdem wird beim Töten fast aller Rinder ein Bolzenschussapparat eingesetzt. Durch den Schuss können infektiöse Teile des Gehirns über das Blut auch im Muskelfleisch verteilt werden. Allerdings ist bis heute umstritten, ob sich daraus auch eine Gefahr für den Menschen ableiten lässt. So hat es einen Versuch in Großbritannien gegeben, nach dem das Risiko nicht sehr hoch eingestuft wird. Dabei wurden einem Kalb Fleischpartikel eines BSE-Rindes direkt ins Gehirn injiziert. Seit vier Jahren ist das Tier gesund. Einem Vergleichstier wurde infektiöses Hirn gespritzt. Dieses Kalb erkrankte nach wenigen Monaten. Kälber, die mit infektiösem Fleisch ihrer Artgenossen gefüttert wurden, haben bisher in noch keinem Versuch eine Erkrankung entwickelt. Da die Forscher es auf diesem Wege bisher nicht geschafft haben, mit Muskelfleisch zu infizieren, gehen sie davon aus, dass eine Infektion beim Menschen durch Muskelfleisch noch wesentlich schwerer sein dürfte, da hier noch die Speziesbarriere überwunden werden muss. Allerdings ist der Mensch das Lebewesen mit der längsten Lebenserwartung, und niemand weiß natürlich, ob der Verzehr von Fleisch, das mit der BSE infiziert war, nicht über einen langen Zeitraum von dreißig, vierzig oder mehr Jahren dennoch zu einer Erkrankung führen kann.

Nicht jedes Rind, das den Weg zum Schlachthof antritt, trägt den BSE-Erreger in sich. Das Problem ist aber: Niemand weiß, wie viele es waren und sind. Dass seit Einführung der flächendeckenden Tests in Deutschland zum Beispiel bislang im Bundesland Bayern die meisten BSE-Rinder entdeckt worden sind, wird – neben dem großen Bestand – auch damit zusammenhängen, dass in Bayern bis Januar 2001 mit Abstand die meisten Tests durchgeführt wurden: Wer sucht, der findet. Bei keinem Rind in Europa ist zuverlässig auszuschließen, dass es den BSE-Erreger in sich trägt und dadurch zumindest theoretisch eine Infektionsgefahr besteht. Bisher glauben die Wissenschaftler, dass die Futtermittel Auslöser der BSE sind. Jetzt wird erforscht, welche weiteren Infektionsquellen es geben kann (vgl. Kapitel «Alles im Futter?»). Indessen ist das Risiko auf die einzelnen Länder sehr unterschiedlich verteilt. So ist Großbritannien noch immer das Land mit den meisten BSE-Erkrankungen. Hier dürfte auch heute noch die Gefahr am größten sein, Fleisch eines mit BSE infizierten Tieres zu essen. Entsprechend hat der Wissenschaftliche Lenkungsausschuss der EU in seiner Vier-Stufen-Kategorisierung der Länder mit BSE-Gefahr das Vereinigte Königreich neben Portugal und Griechenland (Schätzung: III–IV) in die höchste Stufe IV («sehr großes Risiko») eingeordnet. Auf Stufe III («großes Risiko») folgen Deutschland, Frankreich, Spanien, Italien, Irland und die Benelux-Staaten; als «äußerst unwahrscheinlich» (Stufe I) wird das Risiko in Europa allein in Norwegen eingeschätzt, darüber hinaus in Argentinien, Australien, Chile, Neuseeland und Paraguay. Wer also auf Rindfleisch nicht verzichten möchte, sollte auf die Herkunft achten.

- *Merke:* Es macht keinen Unterschied, ob Rindfleisch roh, gekocht oder gebraten verzehrt wird – jedenfalls nicht für das etwaige Risiko. Temperaturen, die den höchst widerstandsfähigen Erreger vollständig unschädlich machen könnten, werden bei keiner Zubereitungstemperatur im Haushalt oder in der Restaurantküche erreicht.

Kleine Rindfleischkunde in Zeiten von BSE

Der Metzger teilt die Rinder in sieben Kategorien ein:
- Kalbfleisch, Jungrindfleisch und Jungbullenfleisch stammen von Tieren, die so jung sind, dass der BSE-Erreger im Falle einer Infektion noch nicht so weit fortgeschritten ist. Aber auch hier gibt es Ausnahmen. So war das jüngste Tier, bei dem eine Infektion festgestellt wurde, 18 Monate alt.
- Bei Bullen- und Ochsenfleisch handelt es sich um Fleisch von männlichen Tieren, die ausgewachsen waren und unterschiedlich alt sein können.
- Kuh- und Färsenfleisch stammt in der Regel von älteren Tieren, weil die weiblichen Tiere zunächst für die Milchproduktion genutzt werden. Häufig wird das Fleisch dieser Kühe zu Wurst verarbeitet. Insgesamt ist das Risiko für den Verbraucher bei älteren Tieren größer: Wenn sie infiziert sind, sind sie meistens im fortgeschrittenen Krankheitsstadium, ohne dass aber schon Symptome erkennbar sein müssen.

Wer beim Einkauf gerne das Fleisch jüngerer Tiere hätte, sollte beachten, dass das Fleisch älterer Tiere eine dunklere Farbe hat als das von jüngeren. Allerdings gilt das nicht unbedingt für Biorinder, denn die Färbung kann auch ein Hinweis auf die Haltung der Tiere sein. Weidetiere und Tiere, die viel in Bewegung waren, haben dunkleres Fleisch. Sicher sein kann man ohnehin nicht völlig, denn die Schlachter verfügen über Kniffe, um die Farbe des

Fleisches, die auch als Qualitätsmerkmal gilt, zu beeinflussen. So wird Fleisch heller, wenn es an der frischen Luft hängt.

Viele Verbraucher wissen an der Fleischtheke nicht genau, was sie vor sich haben, und sind verunsichert darüber, wie sie das Gulasch, das T-Bone-Steak oder den Sauerbraten einschätzen sollen. Oder zum Beispiel das Knochenmark, das nicht mit dem ungleich infektionsträchtigeren Rückenmark, das entfernt werden muss, verwechselt werden sollte. Im Knochenmark findet die Blutbildung statt, es enthält keine Nervenzellen. Deswegen wird es im Zweifel nicht frei von Erregern und damit sicher sein, aber sie liegen bei den bisherigen Testmethoden unter der Nachweisgrenze. Inwieweit eine Gefährdung für den Menschen durch Knochenmark besteht, kann noch nicht beurteilt werden. Im Folgenden ein kurzer Durchgang durch die Partien des Rindes:

a) Vorderviertel des Rindes

Hohe Rippe: Die hohe Rippe befindet sich, wie der Name andeutet, an den oberen Rippen und ist ein Teil des Rinderrückens. Dieses Fleisch wird mit und ohne Knochen angeboten. Es wird gerne als Steak gebraten oder als Suppenfleisch gekocht. Insgesamt ist bei diesem Fleisch aus zwei Gründen erhöhte Vorsicht geraten: Zum einen liegt das Rippenstück auf einer Linie zum Rückenmark und zum anderen besteht hier die höchste Gefahr, dass infiziertes Gehirn des Rindes beim Töten mit dem Bolzenschussgerät durch den Körper in diese Teile des Muskelfleischs gelangen könnte.

Kamm oder Zungenstück: Hierbei handelt es sich um die Verlängerung der hohen Rippe zum Hals hin. Auch für diese Teile gilt, dass eine Verunreinigung mit infektiösen Teilen des Gehirns durch das Töten mit dem Bolzenschussgerät größer ist als bei Fleischstücken, die im hinteren Teil des Rindes liegen und auch nicht auf einer Linie zum Schusskanal. Das

Fleisch wird in Scheiben geschnitten als Suppenfleisch angeboten, aber auch als Gulasch verwendet oder für den Sauerbraten eingelegt.

Hals: Dies ist der Teil des Rindes, der dem Kopf und damit auch dem Hirn am nächsten liegt und verwertet werden darf. Das Fleisch des Halses wird zu Gulasch oder auch zu Hackfleisch verarbeitet. Die Knochen werden gerne für eine schmackhafte Suppe ausgekocht. Der Hals liegt den hoch infektiösen Rinderteilen sehr nahe: dem Hirn, dem Rückenmark und auch den Mandeln. Bei der Verarbeitung des Rindes ist nicht auszuschließen, dass der Hals mit Partikeln dieser Zonen kontaminiert wird; es ist also erhöhte Vorsicht geraten.

T-Bone-Steak: An den Wirbelknochen liegt das Fleisch, das als T-Bone-Steak bezeichnet wird. Die Metzger sprechen auch vom Kotelett des Rindes. In Frankreich darf es nicht verkauft werden, weil von diesem Fleisch eine größere Gefahr ausgeht als von anderen Muskelfleischstücken. Denn an den Wirbelknochen verläuft das Rückenmark, das als hoch infektiös gilt und deshalb aus den Rindern entfernt werden muss. Experten schließen aber nicht aus, dass es beim Entfernen zu Rückständen kommen kann, die zu einer Belastung des T-Bone-Steaks führen. Insofern ist bei diesem Fleisch mit einer höheren Verseuchung durch den BSE-Erreger zu rechnen als bei anderen Fleischsorten.

Schulter, Bug, Rinderbrust: Das Fleisch von Schulter und Bug ist vielseitig verwendbar. Das Beinfleisch wird in Scheiben geschnitten und häufig zum Kochen von Suppe benutzt. Das Mark der Knochen wird zu Klößchen verarbeitet. Aus diesem Fleisch wird Gulasch gewonnen, Bratenstücke und Rouladenfleisch. Die Brust der Tiere wird als Suppenfleisch gekocht oder auch gepökelt. Die Gefahr, dass diese Fleischteile bei der Verarbeitung mit hoch infektiösen Partikeln kontaminiert werden, ist eher gering.

b) Hinterviertel des Rindes

Filet: Das Filet ist reines Muskelfleisch. Es ist das zarteste Stück des Rindes. Schneidet der Metzger es in Scheiben, wird es als Beefsteak bezeichnet, in doppelten Scheiben als Chateaubriand. Das auslaufende Ende des Filets wird in der runden Form als Medaillon bezeichnet. Es kann nach dem derzeitigen Wissensstand davon ausgegangen werden, dass das Filet im Falle einer BSE-Infektion des Tieres Infektionseinheiten aufweist, die klein sind. Nach den bisherigen Versuchen halten die Wissenschaftler eine Gefährdung des Menschen durch den Verzehr für gering.

Falsches Filet: Dasselbe gilt für das falsche Filet, das dem Filet ähnlich ist, sich aber durch den Geschmack unterscheidet und bei weitem nicht so zart ist. Das Fleisch wird ohne Knochen beim Metzger angeboten.

Unterschale, Oberschale, Hüfte: Dieses Fleisch wird gerne als Rouladenfleisch verkauft. Andere Teile nimmt man zum Braten. Da dieses Fleisch weit entfernt ist von dem hoch infizierten Gehirn und dem Rückenmark, besteht auch bei der Verarbeitung die geringste Gefahr einer Kontamination mit hoch infektiösen Teilen.

Roastbeef: Von den Fleischteilen des Hinterviertels wird auch das Rumpsteak gewonnen. Es gilt allgemein als hochwertiges Fleisch, und das merkt der Kunde auch beim Kauf am Preis. Dieses Rumpsteak wird häufig irrig mit T-Bone-Steak verwechselt. Es gilt im Gegensatz zum T-Bone-Steak als gering belastet und wird ohne Knochen angeboten. Es wird auch gerne als Rostbraten benutzt oder ganz dünn geschnitten und leicht angebraten.

Kalbfleisch: Auch Kälber können an BSE erkranken, das haben zahlreiche Untersuchungen ergeben. So wurde einem Kalb infektiöses Gewebe eines an BSE erkrankten Rindes ins Gehirn gespritzt, und das Kalb entwickelte nach einigen Monaten BSE. Doch oral, durch die normale Nahrungsaufnahme des Tieres also, dauert die Inkubationszeit wesentlich länger, sodass davon ausgegangen werden kann, dass sich die Tiere als Kälber zwar infizieren, es dann aber Jahre dauert, bis die Krankheit zum Ausbruch kommt. Nun gibt es wenig Informationen darüber, was es bedeutet, wenn der Verbraucher Fleisch von einem Kalb isst, das den Erreger bereits in sich hat. Bei Tests konnte aber eine Infektion von Kälbern nach der Schlachtung noch nicht festgestellt werden. Bisher weiß niemand, wo der Erreger sich bei Kälbern befindet, wenn sie infiziert wurden. Im Gehirn war die Zahl der Prionen bisher jedenfalls unauffällig.

Abschließend soll noch einmal betont werden, dass die Folgen für die Menschen durch BSE lange nicht zu Ende untersucht sind. Sicher ist, dass die Krankheit auf den Menschen übertragen werden kann. Welche Bedingungen dabei eine Rolle spielen, ist aber unklar. Insofern kann auch niemand sagen, ob BSE-Fleisch, das mit einem geringen Risiko für den Verbraucher eingestuft wird, tatsächlich ungefährlich ist. Wer also mit diesem Zweifel nicht leben möchte, dem bleibt derzeit nur der Verzicht auf Rindfleisch.

Bio- und Markenfleisch

Sie heißen «Happy Ham» und «Färsengold», «Land Juwel» und «Altenburger Jungbulle»: deutsche Markenfleischprogramme. Seit rund zehn Jahren existieren solche Labels für deutsche Fleischprodukte. Vor allem der unbefriedigende Rindfleischabsatz veranlasste die Vermarkter zu dieser Markenbildung. Mittlerweile gibt es allein für das Rind mehr als 50 Markenfleischprogramme in nennenswertem Umfang.

Doch was taugen Bezeichnungen wie «Qualitätsrindfleisch»

oder «Allgäuer Vollmilchkalb»? Nicht viel. Zu dieser Einschätzung kommt die Zeitschrift *Ökotest* in ihrer Ausgabe vom Januar 2001. Die Tester haben 70 deutsche Fleisch-Gütesiegel überprüft – darunter auch 20 Biomarken –, mit folgendem Resultat: Elf Markenfleischprogramme halten sich nur an das, was gesetzlich ohnehin unbedingt nötig ist. Das Siegel ist also keineswegs automatisch ein Qualitätsmerkmal; Verbraucher bekommen beim Kauf dieses Fleisches kein Stück mehr Sicherheit geboten als bei No-Name-Produkten. Die Redaktion der Zeitschrift *Ökotest* hat diese Markenfleischprogramme deshalb in die Kategorie «nicht empfehlenswert» eingestuft. Zu diesen elf Siegeln gehören die weit verbreiteten Markenfleischprogramme «Qualität aus Bayern» und das CMA-Siegel «Deutsches Qualitätsfleisch aus kontrollierter Aufzucht».

Am besten haben die Bio-Marken abgeschnitten. Alle 20 getesteten Biofleischsiegel werden von *Ökotest* als «empfehlenswert» eingestuft. Allerdings weist die Redaktion darauf hin, dass auch Demeter- oder Naturland-Rindfleisch nicht garantiert BSE-frei ist. Zwar werde bei Biobauern von jeher generell kein Tiermehl verfüttert, für problematisch hält man jedoch die Betriebe, die von konventioneller Landwirtschaft auf die biologische umstellen und ihren alten Tierbestand behalten dürfen. Auch müssen diese Bauern bestimmte Übergangsfristen einhalten, bevor sie ihre Produkte unter dem Biosiegel vermarkten dürfen, doch letztlich handelt es sich dabei um einen Tierbestand, der (oder dessen Vorfahren) einmal konventionell gehalten und gefüttert wurde. Insofern ist es also ratsam, bei Biosiegeln darauf zu achten, seit wann die generelle Tiermehlverfütterung im Einzelfall vorgeschrieben ist. Bei Demeter ist das zum Beispiel seit 1925 Vorschrift, bei «Öko-Qualität garantiert aus Bayern» aber erst seit 1996.

Was heißt überhaupt Biofleisch? Die rund 7000 Landwirte, die im Verband der Arbeitsgemeinschaft Ökologischer Landbau

(AGÖL) organisiert sind, müssen sich, wenn sie Vieh halten, an folgende Richtlinien halten: Danach ist der Einsatz von Tiermehlen von jeher verboten, gleiches gilt für Leistungsförderer. Das Futter für die Tiere muss zu mindestens 50 Prozent vom eigenen Betrieb stammen, mindestens 90 Prozent des Futters muss darüber hinaus ökologisch erzeugt sein. Die restlichen zehn Prozent Futtermittel dürfen die Biobauern bei ihren konventionell wirtschaftenden Kollegen einkaufen, erlaubt sind allerdings nur pflanzliche Produkte wie Raps, Treber, Bierhefe

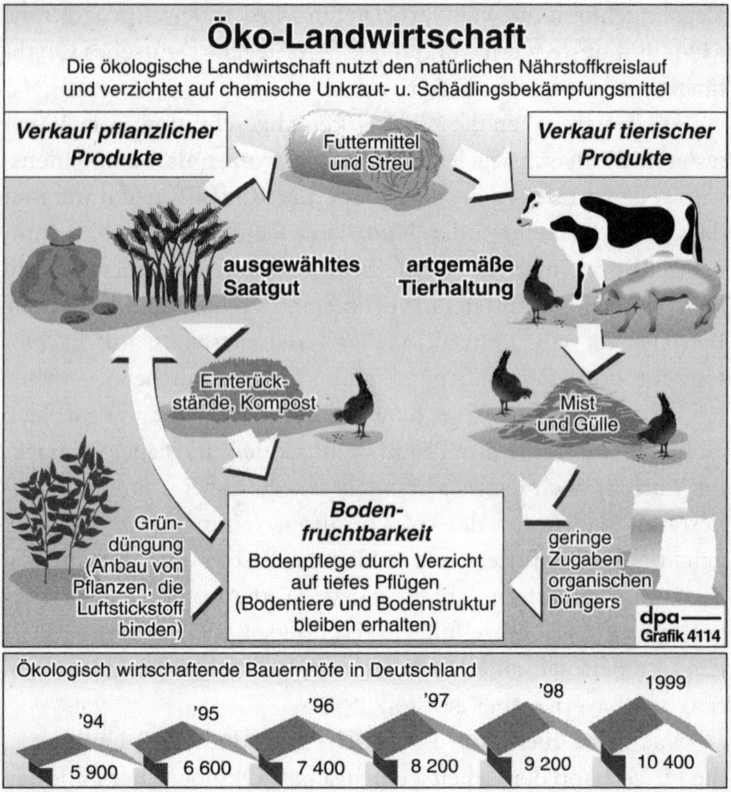

sowie Milch. Diese strengen Futtervorschriften sollen ein geschlossenes Betriebssystem ermöglichen, in dem die Anzahl der Tiere auf einem Hof von der vorhandenen Fläche abhängig gemacht wird. Angestrebt wird, dass jeder Biobauernhof seinen Viehbestand selbst ernähren kann. Als Faustregel gilt, dass eine Kuh mit Kalb etwa einen Hektar Weide benötigt. Darüber hinaus werden die Tiere natürlich artgerecht gehalten: Sie haben Auslauf, werden im Stall nicht angebunden und wachsen als Jungtiere bei der Mutter auf.

Gedüngt werden die Felder in der ökologischen Landwirtschaft mit dem natürlichen Dünger der auf dem Hof vorhandenen Tiere. Synthetische Kunstdünger, Pestizide und tiermehlhaltige Düngemittel sind auf Biohöfen verboten. Seit wenigen Monaten ist deutschen Biobauern auch das Ausbringen von blutmehlhaltigem Dünger auf die Felder nicht mehr erlaubt, obwohl die EU-Ökoverordnung dies noch ausdrücklich zulässt. Reicht der auf dem Hof anfallende Mist nicht aus oder handelt es sich um einen viehlosen Betrieb, dürfen Biobauern bei anderen Biobetrieben Dünger zukaufen. Erlaubt ist es den Ökobauern außerdem, vermahlenes Horn und Hufspäne als Dünger über die Felder zu streuen – allerdings ist dieses Biodüngemittel so teuer, dass es von den Biobauern kaum praktiziert wird. Stattdessen regenerieren viele Ökolandwirte ihren Boden mit dem Anbau von luftstickstoffsammelnden Pflanzen wie Klee oder Bohnen. Diese Pflanzen bleiben ein Jahr auf der Weide stehen und werden anschließend als Viehfutter verwendet.

Eine BSE-Infektion über verseuchte Futtermittel ist bei Biobauern somit ausgeschlossen – sieht man von möglichen Verunreinigungen beim zugekauften pflanzlichen Futter einmal ab. Aus diesem Grund muss sogar das Bundeslandwirtschaftsministerium, das in der Vergangenheit nicht gerade mit Lobeshymnen auf die Ökobranche auf sich aufmerksam machte, einräumen, dass angesichts der BSE-Krise «Rindfleisch aus kontrollierten

Markenfleisch	Allgäuer Voll-milchkalb	Altenbur-ger Jung-bulle	Auswahl vom Rind	Bayer-wald Färse	Birken-hof	Böseler Goldschmaus (Schwein)	Coburger Schwei-negold	Das an-dere Schwein	Eichenhof - Qualitäts-rindfleisch	Eichenhof-Qualitäts-schweine	Fairland - Die ehrli-che Marke
Anbieter	Allgäuer Vollmilch-kalbfleisch	Südost-Fleisch	Interessen-gem. Quali-tätsrind	Bayerwald Färse	Tengel-mann	Böseler Gold-schmaus	Südfleisch	K. Spiel-mann	EGO	EGO	Fairland
Tiermehl im Okt. 2000 verboten?	ja	ja	ja	ja	ja	ja	ja	ja	ja	ja	ja
Wenn ja, verboten seit...	1989	1995	1993	1989	1990	1999	1993	1992	1992	1997	1994

	Limousin Herdbuch-zucht	Marke Hofgut Schwaige	Mar-schen-rind	Nordhessi-sches Landfleisch	Ochsen-gold	Quali-tätsrind-fleisch	Reiter	Rheinisches Qualitäts-rindfleisch	Schwäbisch Hällisches Qua-litätsfleisch	Schwein von hier - Markenfl. aus Wald-eck-Frankenberg
Anbieter	Limousin Herdbuch-zucht	Vinzenz-murr	Freels	Proll	Süd-fleisch	Agrarzen-trum Itze-hoe	Reiter	Fleischrinder-Herdbuch	BES	Erzeugergemeinschaft Waldeck-Frankenberg
Tiermehl im Okt. 2000 verboten?	ja	ja	ja	ja	ja	ja	ja	ja	ja	ja
Wenn ja, verboten seit...	1990	1993 (Rind)*	1991	1995	1994	1992	1994	1994	1988	1994

Öko-Test 01/2001

	Färsengold	Garantierte Herkunft Rheinland-Pfalz (Rindfleisch)	Gütesiegel Odenwald-Fleisch	Gutfleisch	Happy Ham	Hergestellt und geprüft in Schleswig-Holstein	Herkunft und Qualität Baden-Württemberg	Hessen aus gutem Grund	Kleiber - Natürlich gutes Fleisch	Land Juwel	Land Primus	Landklasse
	Südfleisch	Landwirtschaftskammer Rheinland-Pfalz	Gütesiegel Odenwald-Fleisch	Edeka	Happy Ham	Landwirtschaftsk. Schleswig-Holstein	Ministerium Ländl. Raum Ba-Wü	Gutes aus Hessen	Kleiber	Erzeugergem. Elbe-Weser	Kurhessische Fleischwaren	Coop Schleswig-Holstein
	ja	ja	ja	ja	ja	ja	ja	ja	ja	ja	ja	ja
	1994	1996	1996	1994	1994	1997	1997	1996	1985	1991	1995	1995

	Unser Produkt - Pfalz-Fleisch (Rind)	Ursprüngl. Regionalerz. aus Marburg-Biedenkopf	Vom Saarlandwirt	Waldecker Weideschwein	WFG franki	Zart & Saftig - Kontrolliertes Qualitätsfleisch	Auslese aus dem Oldenburger Land	CMA	Goldswien-Qualitätsfleisch	Landfleisch - Natürlich gut	Meisterfleisch - zart und saftig	Original Thüringer Qualität
	Rindermastkontrollring Pfalz	Erzeugermarke Marburg-Biedenkopf	Landwirtschaftsk. Saarland	Erzeugergem. Waldecker Weideschwein	WFG	Erzeugergem. f. Qualitäts-Schlachttiere in Schwaben	NFZ	CMA	Goldswien	Konsum Leipzig	Hochwald	TLL
	ja	ja	ja	ja	ja	ja	**nein**	**nein**	**nein**	**nein**	**nein**	**nein**
	1988	1994	1994	1990	1991	1991	entfällt	entfällt	entfällt	entfällt	entfällt	entfällt

	Qualität aus Bayern	Qualitätserzeugnis - pro agro geprüft	Rheinisches Qualitätsfleisch (Schwein)	Saugut - Eifelschwein	Unser Produkt - Pfalz-Fleisch (Schwein)
Anbieter	Fleischprüfring Bayern	pro agro	Rhein. Erzeugerring f. Mastschweine	Schweine-Vermarktung Rheinl.-Pfalz-Saar	Rindermastkontrollring Pfalz
Tiermehl im Okt. 2000 verboten?	**nein**	**nein**	**nein**	**nein**	**nein**
Wenn ja, verboten seit...	entfällt	entfällt	entfällt	entfällt	entfällt

Anmerkung: *Für Schweine Tiermehl seit 1985 verboten.

Legende: Die Gütesiegel mit bzw. ohne Verbot der Tiermehlfütterung (Stand: Oktober 2000) sind in alphabetischer Reihenfolge aufgeführt. Wir gehen davon aus, dass sich die Anbieter an die gesetzlichen Regelungen halten und seit 1994 kein Tiermehl mehr an Rinder verfüttern. Ist für das Verbot ein späteres Jahr angegeben, wurde das Verbot dann auch auf andere Tierarten ausgedehnt oder das jeweilige Gütesiegel erst zu diesem Zeitpunkt eingeführt.

Bio-Fleisch und/oder artgerechte Tierhaltung

	ANOG	Bio-Gutfleisch	Biogarant	Biokreis	Bioland	Biopark	Chiemgauer Naturfleisch	Demeter	Ecoland	EKO	Füllhorn
Anbieter	ANOG	Edeka	Biopark	Biokreis Ostbayern	Bioland	Biopark	Chiemgauer Naturfleisch	Demeter	Ecoland	Skal	Rewe
Tiermehl im Okt. 2000 verboten?	ja	ja	ja	ja	ja	ja	ja	ja	ja	ja	ja
Wenn ja, verboten seit...	1980	1998	1991	1979	1974	1991	1991	1925	1997	1990	1994

	Gäa	kff-Bio	Naturland	Neuland	Öko-Qualität garantiert aus Bayern	ÖkoBund	Ökosiegel	Thönes Natur	Thönes Natur - Der neue Bio-Geschmack
Anbieter	Gäa	Kurhessische Fleischwaren	Naturland	Neuland	Landesvereinigung f. ökolog. Landbau	ÖkoBund	Ökosiegel	Thönes	Thönes
Tiermehl im Okt. 2000 verboten?	ja	ja	ja	ja	ja	ja	ja	ja	ja
Wenn ja, verboten seit...	1989	1986	1982	1988	1996	1996	1989	1988	1998

Ökobetrieben als gute Alternative gilt». Auch die *Stiftung Warentest* empfiehlt, wenn es denn unbedingt Rindfleisch sein muss, zu Steaks und Rouladen aus ökologischer Produktion: Hier sei das Risiko einer BSE-Infektion geringer als bei konventionell erzeugtem Rindfleisch. Das bestätigt auch das Berliner Institut für Lebensmittel, Arzneimittel und Tierseuchen, welches das BSE-Risiko bei Ökobauern «aufgrund der besonders qualitätsvollen Haltung» für «ein Vielfaches geringer» hält.

Seit 1999 existiert in Deutschland übrigens ein bundesweit einheitliches Ökoprüfzeichen für all die Biohersteller, die die strengen Kriterien der Arbeitsgemeinschaft Ökologischer Landbau erfüllen. Der Lebensmitteleinzelhändler Edeka Nord vertreibt beispielsweise Produkte mit diesem Siegel, ansonsten ist die Verwendung des bundeseinheitlichen Labels leider noch nicht sehr verbreitet. So haben die großen Lebensmittelhändler, die ebenfalls längst Produkte aus dem ökologischen Landbau sowie Biofleisch vertreiben, eigene Markennamen kreiert: Bei Tengelmann heißen die Bioprodukte «Naturkind», bei Edeka «Gutfleisch», bei Real werden sie unter «Grünes Land» vertrieben und bei Rewe und Minimal unter dem Markennamen «Füllhorn».

- Bundesweite Anbieter von Biofleisch findet man im Internet unter www.carechannel.de

Schweinefleisch

Das Schwein steht unangefochten an der Spitze der Tiere, die die Deutschen am liebsten verzehren. Rund 4,6 Millionen Tonnen Schweinefleisch werden jährlich gegessen, ob als Braten, Schnitzel, Kotelett, Kasseler, Filet oder Haxe. Bisher gelten Schweine als BSE-frei, das heißt aber nicht, dass sie es auch sind. Denn gerade Schweine sind viele Jahre lang mit Tiermehlen gefüttert worden, in denen der BSE-Erreger mit an Sicherheit grenzender Wahrscheinlichkeit vorhanden war. Und das allein kann nach einer Untersuchung des BSE-Forschers John Collinge in England zumindest ausreichen, um den Erreger weiterzugeben – unabhängig davon, ob die Tiere selbst an BSE erkranken oder nicht.

Weltweit gibt es bisher zu wenige Untersuchungen mit Schweinen, um das BSE-Risiko dieser Tiere umfassend festzustellen. In Großbritannien hat man einer Sau hoch infektiöses Rinderhirn zu fressen gegeben, sie erkrankte bis heute nicht. Injiziert man den Tieren den Erreger allerdings ins Gehirn, dann bekommen auch sie den Rinderwahnsinn. Auch Schweine dürfen seit dem 2. 12. 2000 nicht mehr mit Tiermehlen gefüttert werden, was vor dem Hintergrund einer BSE-Gefährdung für den Menschen in Deutschland richtig gewesen ist.

Problematisch ist allerdings, dass Gehirn und Rückenmark weiterhin in Lebensmitteln verarbeitet werden dürfen. Zwar dürfte das Risiko einer Infektion deutlich geringer sein als beim Rind, sicher ist das aber nicht. Dieses Risikomaterial, beim Rind als hoch infektiös bekannt, kommt – während die Niederschrift dieses Buches kurz vor dem Abschluss steht –, zunehmend ins Gerede. Es mehren sich die Forderungen von Experten und Politikern, zunächst noch hinter vorgehaltener Hand, inzwischen auch schon öffentlich, die Verarbeitung von Hirn und Rückenmark zu verbieten.

Anders als Rinder werden Schweine im Schlachthaus nicht mit Bolzenschussapparaten getötet, sodass für den Fall einer erhöhten Erregerkonzentration im Kopf des Tieres keine Gefahr besteht, dass die Prionen durch den Körper in benachbarte Fleischteile geschleudert werden, wie das beim Rind der Fall sein kann. Verzichten sollte man allerdings auf den Genuss von Schweinskopf und Schweinskopfprodukten. Solange Schweine Tierkörpermehle gefressen haben und falls dies in Zukunft wieder erlaubt werden sollte, muss der Verzehr von Schweinskopf als Risiko gesehen werden. Die Wissenschaftler wissen schlicht zu wenig über die Erkrankung und die Infektionswege, als dass man sich hier auf Unbedenklichkeitserklärungen verlassen sollte. Der Kopf des Schweins wird gerne zur Topfsülze verarbeitet oder als Schweineschnauze in Aspik angeboten. In einigen Regionen Deutschlands gibt es den gekochten Schweinskopf, der als komplette Mahlzeit angeboten wird.

Schaf- und Lammfleisch

Das Fleisch von Schafen ist nicht immer unbedenklich. Wie bei Rindfleisch ist es wichtig, auf die Herkunft zu achten. Vorsicht ist in erster Linie bei Schafen und Lämmern aus Großbritannien geboten. Denn dort wurden die Tiere bis 1994 mit zum Teil hoch kontaminiertem Tiermehl gefüttert. Wie übrigens auch im weiteren Europa, bis 1994 die Gabe von Tiermehlen an Schafe EU-weit untersagt wurde. Es besteht Unsicherheit darüber, ob Schafe neben der verwandten und bekannten Scrapie nicht längst auch BSE entwickeln. In wissenschaftlichen Versuchen hat sich dies als möglich erwiesen. Vom Kauf von Schaffleisch aus Großbritannien ist derzeit dringend abzuraten. Als weitgehend Scrapie-frei und unbedenklich gelten derzeit die Importe aus Neuseeland.

Das Bild von frei laufenden Schafen auf grünen Wiesen trügt. Denn auch diese Tiere werden in Ställen gehalten und der Mast unterzogen. Kein Züchter lässt sich dabei gerne in die Karten gucken und würde heute freimütig die Verfütterung von Tiermehlen an Wiederkäuer zugeben. Dennoch muss der Konsument davon ausgehen, dass hier zumindest bis 1994 die gleiche Praxis der Aufzucht herrschte wie bei den Rindern. Und dieses könnte bedeuten, dass der BSE-Erreger längst auch heimische Schafherden erreicht hat. Die für den Menschen ungefährliche und seit Jahrhunderten bekannte Scrapie von der BSE zu unterscheiden, ist selbst für Experten nur schwer möglich. Deshalb gibt es auch bei kontinentaleuropäischen Herden keine Sicherheit, dass das Fleisch erregerfrei ist.

Bei den Schafen wird unterschieden zwischen dem Fleisch von Milchlämmern, die bis sechs Monate alt sind, dem Mastlamm, das zwischen sechs und zwölf Monaten alt ist und dem Hammel im Alter von ein bis zwei Jahren. Das Schaffleisch stammt von Tieren, die älter als zwei Jahre sind. Bei Lammrücken ist zu beachten, das dieser die Wirbelsäule enthält und damit an dem Nervengewebe liegt, das im Falle einer Infektion des Tieres als besonders belastet gilt.

Geflügel

Ob Hähnchen oder Pute, in Zeiten der BSE beim Rind greifen die Verbraucher verstärkt zu Geflügel. Im selben Maße, wie der Verzehr von Rindfleisch in den letzten Jahren in Deutschland abnahm, legte der Verkauf von Geflügel zu. Inzwischen wird hierzulande mit mehr als 1,2 Millionen Tonnen ebenso viel Geflügel verzehrt wie Rindfleisch. Allerdings ist die Verfütterung von Tiermehlen auch an Geflügel erst seit dem 2. Dezember 2000 verboten. Erst seit wenigen Monaten also kann der Verbraucher davon ausgehen, dass die Tiere nicht mit BSE-verseuchtem Futter gemästet wurden. Da die Generationenfolge sehr viel schneller verläuft als bei Rindern, Schweinen oder Schafen ist die Wahrscheinlichkeit groß, dass eine mögliche Belastung mit dem BSE-Erreger auch wesentlich schneller wieder aus den Geflügelstämmen verschwindet.

Bisher wurde bei Hühnern oder Puten noch keine Infektion mit dem Erreger der BSE festgestellt. Aber die Tiere werden auch nicht alt genug, um überhaupt Symptome zu entwickeln.

In einem deutschen Zoo wurde bei Straußen eine BSE-ähnliche Infektion festgestellt, und auch im Londoner Zoo wurden Tiere krank, die zu den Geflügelarten gezählt werden.

Wild

Wild gilt in Deutschland als unbedenklich. Wobei gesagt werden muss, dass in amerikanischen Wildtierarten eine Erkrankung entdeckt wurde, die auch auf eine Prioninfektion zurückzuführen ist. Und auch Elche in Europa haben Symptome dieser Krankheit gezeigt. Womit bewiesen wäre, dass auch Wildtierarten zumindest empfänglich sind für derartige Erkrankungen. Offenbar treten diese Infektionen auch sporadisch auf, ohne dass eine Infektionsquelle nachweisbar ist. Dennoch gilt Wild, solange es nicht mit Tierkörpermehl gefüttert wurde, als unbedenklich. Andererseits ist die Wildmast in Deutschland weit verbreitet. Und eine Kontamination dieses Kraftfutters ist hier genauso gut möglich wie bei Rinderfutter. Außerdem sind Rehe und Hirsche Wiederkäuer wie Rinder. Nur wird Wild im Gegensatz zu Rindern nicht auf BSE getestet.

Pferdefleisch

Das Fleisch vom Pferd spielt keine große Rolle auf dem Speiseplan der Deutschen. Regional unterschiedlich werden aber von Pferdemetzgern auf den Märkten und anderswo Produkte vom Pferd angeboten. So weit man weiß, gehört das Pferd zu den Tierarten, die bisher keine spongiformen Krankheiten entwickelt haben. Ob sie gegen BSE immun sind, ist unklar, aber möglich. Ihr Fleisch und auch reine Pferdewurst kann also nach gegenwärtigem Kenntnisstand ohne Bedenken verzehrt werden.

3. Wurst

Das Risiko, mit der Wurst den BSE-Erreger aufzunehmen, war in der Vergangenheit erheblich höher als beim Fleisch. Denn die Deutschen gelten nicht nur als Weltmeister in der Wurstherstellung, sie haben auch so ziemlich alles darin verarbeitet, was als Fleisch nicht zu verkaufen war, unter anderem Innereien und Fleisch, das an potenziell infektiösem Nervengewebe hing. Das war in erster Linie so genanntes Separatorenfleisch, auch als Knochenrestfleisch bezeichnet. Das restliche Fleisch wird maschinell vom Knochen getrennt und verarbeitet. Diese Fleischreste bestehen aus Bindegewebe, Fettgewebe und Knorpelresten. Ihr Anteil liegt bei der Verarbeitung eines durchschnittlichen Rindes zwischen acht und zwölf Kilogramm. Hinzu kommt, dass in die Produktion von industriell hergestellter Wurst anders als beim Fleisch die Bestandteile vieler verschiedener Tiere verwendet werden, sodass die Gefahr größer ist, dass darunter ein infiziertes Tier war. In der Regel werden für die Wurstherstellung auch ältere Tiere verwendet, was im Falle einer Infektion größere Erregermengen bedeutet als bei jüngeren Tieren. Seit dem 1. Oktober 2000 ist die Verarbeitung hoch infektiöser Rinderprodukte verboten, sodass sich die Gefährdung erheblich reduziert haben dürfte.

Dennoch sollte der Verbraucher auch heute noch bei allen Wurstsorten Vorsicht walten lassen und auf die Bestandteile achten. Mit den Folgen der Vergangenheit wird er ohnehin leben müssen. Die Tatsache, dass erst nach der Einführung der BSE-Tests kranke Tiere gefunden wurden, bedeutet ja nicht, dass es bis zu diesem Zeitpunkt keine BSE-Rinder gab. Es muss vielmehr davon ausgegangen werden, dass etliche infizierte Tiere auch in Deutschland verarbeitet worden sind – gerade auch mitsamt ihrer hoch infektiösen Teile.

Grob gesagt gibt es drei große Gruppen an Wurstsorten: Kochwurst, Brühwurst und Rohwurst.

Kochwurst

Als Kochwurst kann alles bezeichnet werden, das schon einmal erhitzt wurde. Neben regionalen Spezialitäten, die hier nur vereinzelt beschrieben werden können, gibt es drei große Gruppen der Kochwürste: die Leberwurst mit ihren zahlreichen Variationen, die Blutwurst und die Sülzwurst.

Leberwurst: Die Wurst wird deshalb so bezeichnet, weil sie zu 10 bis 25 Prozent aus Leber besteht. Bei der Herstellung ist die Schweineleber am beliebtesten, weil sie heller ist und weniger Bitterstoffe enthält als Rinderleber. Zusätzlich werden

Fleisch, Innereien und Schwarten verarbeitet. Dabei war es bis zum 1. Oktober 2000 erlaubt, auch so genanntes Separatorenfleisch (s. o.) einzusetzen. Rinderhirn, so versichern viele Wursthersteller, sei bei der Verarbeitung nicht gebräuchlich gewesen, da es die Konsistenz der Wurst negativ beeinflusse. Ob von der «Verwurstung» der Leber eine erhöhte Infektionsgefahr ausgeht, ist nicht geklärt. Insgesamt empfiehlt sich bei Wurst mit Innereien Zurückhaltung. Gerade hier wurden in der Vergangenheit zunächst stets Unbedenklichkeitserklärungen abgegeben, die sich bei verfeinerten Untersuchungsmethoden nicht halten ließen. Beispiel Rinderdarm: Er wurde jahrelang als gefahrlos eingestuft. Dann haben die Experten diese Einschätzung zurückgenommen und Teile des Darms als bedenklich bewertet. Seit kurzem ist die Verwendung des gesamten Rinderdarms für die Verarbeitung zu Nahrungsmitteln verboten.

Blutwurst: In der Blutwurst werden – neben Blut – Fleisch, Speck, Leber und Herz verarbeitet. In der Rotwurst wird Muskelfleisch verwendet, in der reinen Blutwurst eher selten. Als Fleischteile werden Schultern, Nacken und Köpfe benutzt, für die Einlagen wird auf Zungen und Filetköpfe zurückgegriffen. Wobei die Zungen, wie auch bei der Zungenwurst, von Rindern stammen. Bei Zungen waren bisher keine Erreger messbar.

Sülzwurst: Die Sülzwurst besteht in der Regel aus Zutaten vom Schwein. Andere Sülzarten, zum Beispiel solche mit Rind, müssen entsprechend ausgezeichnet werden. Sülze der gehobenen Qualität wird aus Fleisch, Fettgewebe und Schwarten hergestellt. Bei einfachen Qualitäten können auch Kopffleisch und Innereien enthalten sein. Die Gallertmasse wird aus Gelatine oder Schwarten gemacht.

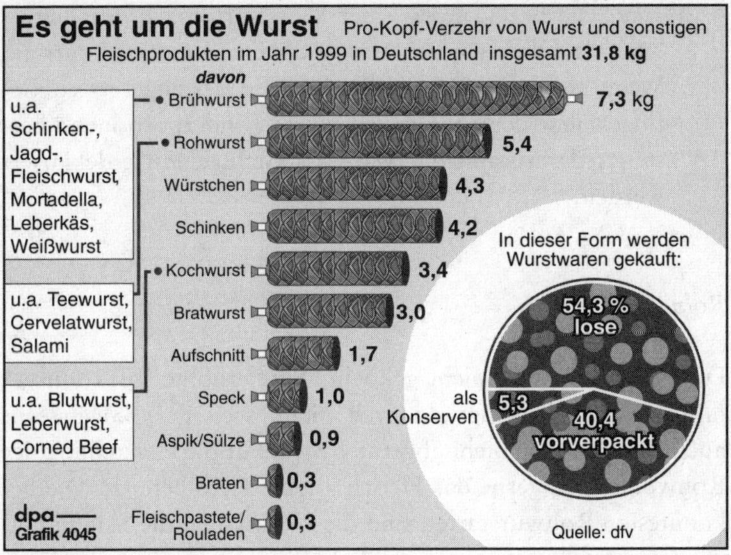

Brühwurst

Die Brühwürste sind in unterschiedlichen Formen schon einmal erhitzt worden. Diese Gruppe ist von allen Wurstarten in Deutschland am beliebtesten. In ihnen ist in der Regel zerkleinertes Fleisch enthalten, Wasser, Salz und Fett. Dazu gehören unter anderem Schinken-, Jagd- und Fleischwurst oder die Bierwurst, ebenso Weißwurst oder Leberkäse. Zur Herstellung dieser Wurst wird in der Regel das Fleisch mehrerer Tiere verwendet, weil durch das Zusammenmischen die Verarbeitungsmöglichkeiten verbessert werden. Deshalb ist die Gefahr bei Brühwürsten größer, dass unter der Menge der verwendeten Tiere auch eines war, bei dem eine BSE-Infektion bestand. In der Brühwurst darf neben Schwein, Rind und Kalb auch ein geringer Anteil Fleisch vom Schaf enthalten sein.

- *Merke:* Die Bezeichnung einer Wurstsorte nach der Tierart hängt lediglich von der Menge der enthaltenen Tierart ab. Wenn also zum Beispiel die Mengen des zugesetzten Geflügels jene der der Schweine- und Rinderportionen übersteigt, dann kann die Ware als Geflügelwurst deklariert werden.

Rohwurst

Die Rohwurst wird nicht gekocht. Eine erhöhte Infektionsgefahr besteht allerdings dadurch nicht, weil der BSE-Erreger auch beim Kochen nicht abgetötet wird. Für die Herstellung der Rohwurst wird gerne das Fleisch älterer Tiere benutzt. Die bekanntesten Rohwurstarten sind die Plockwurst, die Salami und die Cervelatwurst, bei den streichfähigen Rohwürsten zählen die Mettwurst und die Teewurst zu den bekannteren Sorten. Alle diese Wurstsorten werden aus Rind und Schweinefleisch hergestellt. Wobei der Schweinefleischanteil höher ist. In allen Sorten wird auf den Zusatz von Innereien verzichtet, heißt es. Nach den Vorschriften dürfen Rinderwürste auch kein Nervengewebe enthalten.

Ende 1999 hat ein Test des Leipziger Veterinärmediziners Ernst Lücker ergeben, dass 20 Prozent der von ihm geprüften gekochten Mettwürste und fast 10 Prozent der Leberwürste Hirn- und Rückenmarksmasse enthielten. Bleibt zu hoffen, dass sich die Hersteller heute im Zeichen von BSE streng an die Vorschriften halten. Es gibt etwa 300 unterschiedliche Wurstsorten in Deutschland. Manche werden nur in einzelnen Regionen hergestellt. Alle Hersteller müssen sich an die gültigen gesetzlichen Regelungen halten, ansonsten sind sie in ihren Zutatenbeimengungen frei. Deshalb ist es schwierig, eine verlässliche Aufstellung der Wurstsorten zu machen, in denen bestimmte Zutaten garantiert sind. So gibt es unterschiedliche Angaben, ob in der Bregenwurst Rinderhirn verarbeitet wurde oder nicht. Grundsätzlich sollte man auf Wurstsorten verzichten, in denen Innereien verarbeitet wurden. Egal, ob vom Rind, vom Schwein oder vom Schaf.

Sorte	Rind	Schwein	Innereien
Bierschinken	Ja	Ja	Nein
Blutwurst	Nein	Ja	Ja
Bratwurst	Ja	Ja	Nein
Cervelatwurst	Ja	Ja	Nein
Corned Beef	Ja	Nein	Nein
Currywurst	Ja	Ja	Nein
Debreziner	Ja	Ja	möglich
Fleischwurst	Ja	Ja	möglich
Geflügelwurst	Ja	Ja	möglich
Kalbsleberwurst	Ja	Ja	Ja
Krakauer	Ja	Ja	Nein
Leberkäse	Ja	Ja	möglich
Leberwurst	möglich	Ja	Ja
Mettwurst	Ja	Ja	Nein
Mortadella	Ja	Ja	möglich
Plockwurst	Ja	Ja	Nein
Rohe Schinkenw.	Ja	Ja	Nein
Salami	Ja	Ja	Nein
Schinkenwurst	Ja	Ja	Nein
Sülze	Nein	Ja	möglich

Sorte	Rind	Schwein	Innereien
Sülze Rind	Ja	Nein	möglich
Teewurst	Ja	Ja	Nein
Truthahn-Salami	Ja	Ja	Nein
Weißwurst	Ja	Ja	möglich
Wiener Würstchen	Ja	Ja	Nein
Zungenwurst	Ja	Ja	möglich
Zwiebelwurst	Nein	Ja	Nein

4. Fisch

Das Bundesinstitut für gesundheitlichen Verbraucherschutz und Veterinärmedizin hält den Verzehr von Fischen «nach heutigem Wissen in Bezug auf das BSE-Risiko für sicher». Doch auch bei Fischen lässt sich eine Kategorisierung des Risikos nicht vermeiden. Am sichersten dürfte der Fisch sein, der frei gefangen wurde und als Frischfisch verzehrt wird. Das ist in Deutschland allerdings die Ausnahme: Von den annähernd 13 Kilo Fisch und Fischprodukten, die jeder Bundesbürger im Jahr durchschnittlich isst, entfallen nur 13 Prozent auf den Verzehr von frischem Fisch.

Am liebsten essen die Deutschen Fisch aus der Dose: Herings- und Thunfischkonserven sowie eingeschweißte Sardinen und Makrelen schlagen mit einem Drittel des jährlichen Fischkonsums zu Buche. Immerhin jede vierte Fischmahlzeit wird aus Tiefkühlfisch zubereitet. Was der Verbraucher allerdings fast nie nachvollziehen kann, ist, woher der Fisch stammt: Handelt es sich um Wildfisch oder um Fisch aus so genannten Aquakulturen, dem schwimmenden Pendant zur Massentierhaltung an Land?

Besonders beliebt ist dieses Aquafarming beim Lachs. Der im Handel angebotene Lachs stammt nach Angaben des Bundesverbands des deutschen Fischgroßhandels zu fast 100 Prozent aus der Zucht. Und Zuchtfisch hat gleich mehrere Nachteile: Weil sich in den Zuchtbecken viele Fische auf engem Platz tummeln, werden häufig Antibiotika, Wachstumshormone und Pestizide zugefüttert. Das belastet nicht nur das Nahrungsmittel Fisch, sondern auch die Gewässer. Bis 2. Dezember 2000 war es in Deutschland außerdem erlaubt, Tiermehl an Fische zu verfüttern. Seitdem darf nur noch Fischmehl an Fische verfüttert werden, doch sollte man dabei berücksichtigen, dass Aquakulturen in Deutschland nicht sonderlich verbreitet sind. Die meisten Zuchtfische, die in Deutschland verzehrt werden, stammen aus der Europäischen Union oder aus Drittstaaten. Und hier existiert kein Tiermehlverfütterungsverbot für Fische.

Der Fischbedarf in der Bundesrepublik wird zu 83 Prozent aus dem Ausland befriedigt. Hauptimportländer sind, in absteigender Reihenfolge: Dänemark (17,6 Prozent), Norwegen (16,1 Prozent), Niederlande (9,1 Prozent), Polen (5,5 Prozent), Russland (5,2 Prozent), Island (4,8 Prozent) und die Volksrepublik China (3,6 Prozent). Vor allem in den skandinavischen und den asiatischen Ländern sind Zuchtfarmen weit verbreitet. Neben Lachs stammen zunehmend auch Doraden, Meerbrassen und Wolfsbarsche aus Farmen. Auch Riesengarnelen werden massenhaft gezüchtet. Etwa ein Drittel der weltweit konsumierten Shrimps kommen aus solchen Plantagen. Die südostasiatischen Länder und Lateinamerika gehören zu den Großen der industriellen Krabbenzuchtnationen. In diesen Ländern ist auch die radioaktive Bestrahlung von Lebensmitteln zulässig. Sie ist nötig, um die leicht verderbliche Ware für den weiten Transportweg haltbarer zu machen.

In Deutschland werden in erster Linie Karpfen, Forellen, Bachsaiblinge, Störe und Aale in Becken gezüchtet. All diese Fische müssen mit industriell hergestelltem Futter hochgepäppelt werden – mit Ausnahme des Karpfens, der meist außer dem natürlichen Plankton des Teiches auch noch Getreide oder Lupine zugefüttert bekommt.

Raubfische wie Forellen oder Lachs brauchen jedoch Eiweiß, das ihnen in Zuchtbecken meist in Form von Fischmehl zugeführt wird. Nach Auskunft der Vereinigten Fischmehlwerke in Cuxhaven, der einzigen Fischmehlfabrik in Deutschland, wird das dort produzierte Mehl ausschließlich aus Fischresten hergestellt. Diese Fischreste fallen zum Beispiel beim Filetieren an: Die Gastronomie und der Handel benötigen oft nur das Fischfilet. Die übrigen Teile, wie Kopf, Gräten und Innereien, sammeln die Vereinigten Fischmehlwerke ein und verarbeiten sie zu Fischöl und -mehl.

Dafür werden die Fischreste in einem ersten Verarbeitungsschritt zwanzig Minuten lang in Sterilisatoren gekocht. Anschließend wird dieser Masse Wasser entzogen, sodass auf der einen Seite das so genannte Pressgut, auf der anderen Seite eine ölhaltige Flüssigkeit übrig bleibt. Diese Flüssigkeit wird wiederum in Zentrifugen in Fischöl und Fischpresswasser getrennt. Das Presswasser, das in Dampfanlagen so lange eingedickt wird, bis nur noch eine sirupartige Masse übrig ist, wird dann wieder mit dem Pressgut vermischt und getrocknet. Das Resultat, das so genannte Rohfischmehl, wird dann nochmal gekühlt und vermahlen. Was dann übrig bleibt, ist eine Masse, die ganz ähnlich aussieht wie Weizenmehl: das Fischmehl.

Bis zum Tiermehlverfütterungsverbot waren die Hauptabnehmer des Fischmehls der Vereinigten Fischmehlwerke die deutschen Raiffeisengenossenschaften und die Futtermittelhersteller. Verfüttert wurde das Fischmehl hauptsächlich in der Schweine- und Hühnermast. Seit Anfang Dezember 2000 ist die Verfütterung von Fischmehlen an Nutztiere verboten. Nur für Fische gilt eine Ausnahmeregel. Sie dürfen nach wie vor mit

Fischmehlen gefüttert werden. Auch die Petfood-Industrie darf weiterhin Fischmehle verwenden – denn Haustiere gelten ja nicht als Nutztiere.

Biofisch

Dem Ziel einer umweltverträglichen Fischereiwirtschaft hat sich die in London ansässige Organisation Marine Stewardship Council, kurz MSC, verschrieben. Die MSC vergibt ein Ökosiegel für Fisch und Meerestiere, wenn die betreffende Fischerei nachhaltig betrieben wird, den Bestand erhält und wenn sie dem Meeresökosystem nicht schadet. Auf drei Fischarten prangt das MSC-Label mittlerweile: auf australischem Lobster, pazifischem Wildlachs, der vor Alaska gefischt wird, und auf Heringen aus der Themsemündung. Diese zertifizierten Produkte gibt es in Australien, den USA, in Großbritannien (bei Marks & Spencer, Tesco und Sainsbury) und der Schweiz (bei Migros und Coop) bereits zu kaufen, in Deutschland bislang noch nicht.

Dafür können deutsche Konsumenten bereits seit vielen Jahren auf gezüchteten Fisch aus ökologischer Erzeugung zurückgreifen. Eine Vorreiterrolle hat hier der ökologische Landbauverband Naturland übernommen. Er vergibt das «Naturland-Siegel – aus anerkannt ökologischer Fischzucht». Das ist in zweierlei Hinsicht fortschrittlich: Denn es gibt weder ein bundesweites Biosiegel für Fisch noch ist die ökologische Erzeugung von Fisch und Meeresfrüchten momentan in der EU-Verordnung zum ökologischen Landbau geregelt.

Das Naturland-Biosiegel ziert Zuchtlachs aus Irland, deutsche Forellen sowie Karpfen. Das Biolabel für den Karpfen gibt es seit sieben Jahren, für den irischen Lachs wird es bereits seit fünf Jahren vergeben; neu im Naturland-Programm sind drei zertifizierte deutsche Forellenbetriebe. Alle Unternehmen erfüllen die Bedingungen einer ökologischen Fischzucht: geringe Besatzdichte, eine naturnahe Anlage der Teiche, wenn es sich um Teichzucht handelt und eine intensive Überwachung der Wasserqualität. Die Lachsfarmer von der irischen Claire Island Sea Farm haben deshalb sogar vor kurzem Unterwasserkameras an den Netzen montiert, die das Fressverhalten der Fische zeigen. Sind die Fische satt und fallen die Futterpellets unbeachtet auf den Meeresboden, wird die Fütterung sofort eingestellt. Außerdem versuchen die Züchter, Krankheiten zunächst erst mal mit Naturheilmitteln zu kurieren, bevor sie herkömmliche Arzneien einsetzen.

Bioshrimps

Die intensive Shrimpzucht ist alles andere als nachhaltig. Um ein Kilogramm Krabben im Becken zu mästen, braucht man das Fünf- bis Siebenfache an Futtermenge. Der Hauptbestandteil des Shrimpfutters besteht aus Fischmehl, das häufig aus Nord- und Ostseefischen hergestellt und nach Südostasien verschifft wird, wo sich viele Shrimp-Mastbetriebe befinden. Außerdem werden die meisten Zuchtgarnelen mit Wachstumshormonen, Antibiotika und Pestiziden überschwemmt. Wer dennoch nicht auf Warmwassergarnelen verzichten möchte, dem bietet Naturland seit Anfang des Jahres eine Alternative: die Ökogarnele. Das Zertifikat des ökologischen Landbauverbands ziert ecuadorianische Shrimps, die ohne Pestizide und Antibiotika gezüchtet werden. Außerdem werden die Ökogarnelen vorrangig mit Plankton sowie mit für den Menschen ungenießbaren Fischresten gefüttert. Streng begrenzt ist auch die Besatzdichte in den Becken. Allerdings kosten die Ökoshrimps mit 35 Mark das Kilo auch etwa ein Drittel mehr als herkömmliche Industriegarnelen. Bis jetzt sind sie leider erst in Großbritannien erhältlich, doch bei Naturland ist man zuversichtlich, noch in diesem Jahr einen deutschen Importeur für die Biogarnele zu finden.

Natürlich können Verbraucher auch einfach darauf achten, wild gefangene statt gezüchtete Garnelen zu kaufen. Doch die Nichtregierungsorganisation Fian warnt davor, den Shrimpkonsum in voller Höhe auf Wildfänge zu verlagern, da dies ein noch stärkeres Überfischen der Meere zur Folge hätte. Fian rät stattdessen zu einem weitestgehenden Shrimpverzicht.

5. Milch und Milchprodukte

Milch gilt als relativ sicher. Aber was heißt relativ bei einem Produkt, dass jeder Deutsche statistisch betrachtet gleich kiloweise konsumiert? Der jährliche Pro-Kopf-Verbrauch von Milch beträgt 64,5 Kilo. Hinzu kommen 17 Kilo Joghurt, die jeder Bundesbürger jährlich vertilgt.

Die Bundesanstalt für Milchforschung, eine Forschungseinrichtung des Bundeslandwirtschaftsministeriums, kommt zu dem Schluss, dass «Milch und aus ihr hergestellte Produkte sicher sind». Die Entwarner argumentieren damit, dass der BSE-Erreger bisher in Milch nicht nachgewiesen werden konnte. Das gilt auch für die Milch von BSE-erkrankten Kühen. Doch muss man hierbei berücksichtigen, dass die Nachweismethoden für die Prionen derzeit noch ziemlich grob sind. Nur weil man in Milch noch keine Erreger gefunden hat, heißt das nicht, dass es dort keine gibt.

Das Bundesamt für gesundheitlichen Verbraucherschutz und Veterinärmedizin weist außerdem darauf hin, dass bislang auch alle Infektionsversuche mit Milch negativ verlaufen sind: Versuchstiere, die mit Milch von BSE-infizierten Kühen gefüttert wurden, erkrankten nicht. Auch andere Prionkrankheiten, wie etwa die bei den Ureinwohnern Neuguineas vorkommende Kuru, ließen sich bisher nicht durch Milch übertragen.

Mitte Januar 2001 entschloss sich die britische Behörde für Lebensmittelsicherheit allerdings überraschend zu neuen Milchuntersuchungen. Wissenschaftler hatten darauf hingewiesen, dass die Forschungen über die Infektiosität von Milch aus dem Jahr 1995 möglicherweise fehlerhaft gewesen seien. Damals hatten Forscher Kuhmilch von BSE-kranken Rindern lediglich Mäusen zu trinken gegeben oder injiziert, nicht aber Kälbern. Die Mäuse erkrankten nicht an BSE. Der Cambridge-Professor für Genetik, Malcolm Ferguson-Smith, hält diese Untersuchungen für wenig aussagekräftig, weil die Artenbarriere ein großes Hindernis bei der Übertragung sei. Deshalb sollen nun Tests anlaufen, bei denen gesunden Kälbern Milch kranker Kühe verabreicht wird. Diese Versuche werden voraussichtlich drei Jahre dauern – so lange wie die Inkubationszeit bei Rindern.

Auch der Virologe Heino Diringer hält es für möglich, dass Milch innerhalb einer Art als Transportvehikel dient. Kälber könnten sich seiner Meinung nach über Kuhmilch mit dem Rinderwahn infizieren. Zwar «deutet nichts darauf hin, dass Milch eine Rolle spielt beim Sprung über die Artengrenze vom Tier zum Menschen», sagt Diringer (SZ vom 5. 12. 2000), aber ganz auszuschließen ist eben auch das nicht. Wenn der Verdauungstrakt von Kälbern, der noch kein Wiederkäuersystem aufweist, anfällig für Erreger in der Milch ist, warum nicht auch das des Menschen? Immerhin darf die Milch von BSE-erkrankten Tieren weder für die menschliche noch für die tierische Ernährung verwendet werden.

Ähnlich verwirrend ist die Lage bei Milchprodukten. Auch sie «können nach derzeitigem Wissensstand ohne Bedenken verzehrt werden», so das Landwirtschaftsministerium. Die *Stiftung Warentest* schränkt allerdings ein: Milchprodukte, die Gelatine enthalten, könnten dann gefährlich sein, wenn die Dickungsmittel aus Rinderknochen hergestellt wurden. In diesem Fall, so die *Stiftung Warentest*, könnte die Gelatine BSE-Erreger enthalten. Deshalb sollten Verbraucher bei Joghurt, Puddings, Frischkäse und Eiscreme unbedingt auf die Zutatenliste achten und lieber zu solchen Produkten greifen, die mit einem Ersatzgeliermittel wie Pektin, Agar-Agar oder Johannisbrotkernmehl hergestellt wurden.

6. Babynahrung

Die Ernährung von Säuglingen und Kleinkindern ist ein besonders heikles Kapitel. Denn Babys haben in der Regel noch keine Fleischprodukte verzehrt; bei ihnen ist also eine mögliche BSE-Infektion über tierische Nahrung in der Vergangenheit auszuschließen. Viele Eltern werden sich also fragen, ob sie bei der Ernährung ihres Kindes weiterhin auf Rind oder gar auf Fleisch allgemein verzichten sollen. Die *Stiftung Warentest* ist der Ansicht, dass Neugeborene ganz gut ohne Rindfleisch aufwachsen können. Sie rät, so lange auf Rindfleischprodukte in der Babykost zu verzichten, bis BSE-Infektionen mit Gewissheit ausgeschlossen werden können. Als Alternative böten sich Gläschen mit anderen Fleischsorten – wie Putenfleisch, das beispielsweise mehr Eisen als Rindfleisch enthält – oder Gemüsebreie an.

Wer bei der Babyernährung auf keinen Fall Rindfleisch vom Speiseplan streichen will, sollte beim Einkauf von Gläschen auf das Ökosiegel achten. Gläschen mit Rindfleisch ungeklärter Herkunft sollte man nicht kaufen. Doch viele Hersteller von Babynahrung beziehen ihr Fleisch ohnehin von Biobetrieben. So stammen sämtliche Fleischprodukte – auch Pute, Huhn und Schwein – der Firma Hipp schon seit Jahrzehnten von heimischen Biohöfen. Ein großer Teil der Kühe und Kälber, die Hipp verarbeitet, leben im Nationalpark auf der Ostseehalbinsel Darss, wo die Mutterkuhhaltung praktiziert wird. Seit Mai 2000 unterzieht der Babynahrungsproduzent außerdem alle geschlachteten Rinder dem BSE-Schnelltest, auch dann, wenn die Tiere jünger als 30 Monate sind. In die Gläschen wandert nach Auskunft des Firmeninhabers Claus Hipp ausschließlich «reines Muskelfleisch».

Ähnliche Kriterien wendet Alete an. Die Nestlé-Marke bezieht ihr Rind- und Kalbfleisch ebenfalls ausschließlich aus deutschen Biobetrieben. Verwendet wird laut Herstellerangabe auch hier nur das Muskelfleisch. Gleiches gilt natürlich auch für die gesamte Gläschenkost von Biofirmen wie Demeter oder Bioland.

Die Produzenten Milupa und Humana bieten beide nur fleischlose Säuglingsnahrung an. Außer Milch setzt Milupa, der seit Jahren keine fleischhaltigen Produkte mehr vertreibt, in seiner Säuglingsnahrung keine weiteren Rohstoffe aus Rindern ein – allerdings stammt diese Milch von konventionell wirtschaftenden Betrieben, nicht von Biohöfen.

Angesichts einer möglichen BSE-Infektionsgefahr von Schweinen und Geflügel stellt sich die Frage, ob Eltern bei der Säuglingsnahrung nicht ganz auf Fleisch verzichten sollten. Nach Ansicht der Deutschen Gesellschaft für Ernährung ist das zwar nicht empfehlenswert, aber möglich. Eltern müssen in diesem Fall besonders gut auf die Zusammensetzung der Mahlzeiten achten. Etwa ab dem sechsten Lebensmonat erschöpfen sich die Eisenvorräte des Babys. Um auch ohne Fleischzufütterung eine ausreichende Versorgung des Säuglings mit Eisen zu garantieren, können Eltern beispielsweise dem Gemüsebrei regelmäßig gekochte und mit der Gabel zerdrückte Eigelbe hinzufügen. Eisen kommt außerdem in höheren Konzentrationen in Vollkornbrot und grünem Gemüse wie Brokkoli und Spinat vor. Da Eisen in pflanzlicher Form vom menschlichen Organismus nicht so gut aufgenommen wird wie aus Fleisch, sollte dem Kleinkind gleichzeitig Vitamin C zugeführt werden. Das kann in Form von frischem Obst, Obstsäften oder besonders Vitamin-C-haltigem Gemüse geschehen, wie Tomate oder Paprika.

Eine vegane Kinderernährung auf rein pflanzlicher Basis lehnen Ernährungswissenschaftler hingegen ab: Die Gefahr einer Mangelernährung – insbesondere an Nährstoffen wie Eiweiß, Vitamin B_2, B_{12} und Vitamin D – sei einfach zu groß. Veganer Kost fehlen darüber hinaus auch bestimmte Aminosäuren und das für den Zahn- und Knochenaufbau wichtige Kalzium. Auch die Zinkversorgung kommt zu kurz. Vegane Ernährung ist deshalb für Säuglinge, deren Körper sich in einer rapiden Wachstumsphase befindet, nicht geeignet.

Adressen
Alete/Nestlé-Babyservice:
Tel. 0180/2344944 (Ortstarif) 81662 München

Demeter/Sunval GmbH:
Boschstr. 8–10, 68753 Waghäusel, Tel. 07254/93450

Hipp Werk:
Georg-Hipp-Str. 7, 85276 Pfaffenhofen, Tel. 08441/7570;
Mütterdienst Tel. 08441/757-770

Humana Milchwerke:
Bielefelder Str. 66, 32051 Herford, Tel. 05221/1810

Milupa:
Bahnstr. 14–30, 61381 Friedrichsdorf, Tel. 06172/990;
Mütterdienst Tel. 0130/7375 (gebührenfrei)

7. Fastfood

Bereits heute isst jeder Deutsche rund ein Drittel aller Mahlzeiten außer Haus. Nach einer Studie der Centralen Marketing-Gesellschaft der deutschen Agrarwirtschaft, CMA, wird sich dieser Trend in den nächsten vier Jahren noch weiter steigern: auf deutlich mehr als 40 Prozent. Das Gros dieser Außer-Haus-Mahlzeiten lassen sich die Bundesdeutschen in Form von Snacks und Fastfood schmecken. So besucht jeder Bundesbürger statistisch gesehen rund achtmal im Jahr McDonald's – das macht in den mehr als 1000 deutschen Filialen annähernd zwei Millionen Gäste täglich.

Und die ordern am liebsten Rind in Form von Big Macs. Auch beim Konkurrenten Burger King essen die Kunden bevorzugt den Rindfleischklopps im Brötchen, den Whopper, wie er bei Burger King heißt. Beide Restaurant-Ketten versichern, dass das Rindfleisch für ihre Hamburger ausschließlich von Rindern stammt, die in Deutschland geboren, gemästet und geschlachtet werden. Außerdem werde nur Muskelfleisch verarbeitet. Burger King betont, dass seine Tiere ausschließlich mit pflanzlichem Futter gefüttert werden.

Die Erklärung der beiden Hamburger-Ketten, nur deutsches Rindfleisch zu verwenden, ist allerdings angesichts der sich seit November häufenden deutschen BSE-Fälle nicht unbedingt beruhigend. Doch es gibt neben den rindfleischhaltigen Hamburgern, Cheeseburgern, Big Macs, Royal TS und allen Whoppern einige Alternativen für diejenigen, die auch deutschem Muskelfleisch nicht trauen: zum Beispiel Fish-Macs oder Gemüseburger. Der Gemüseburger von McDonald's zum Beispiel besteht aus einem Innenleben, das sich aus Mais, Erbsen, roter Paprika, Kartoffeln und einer Panade zusammensetzt. Dazu gibt es das obligatorische Brötchen und eine Soße, die nach Auskunft von

McDonald's ausschließlich aus pflanzlichen Ölen und Gewürzen zubereitet ist.

Die Schweinefleischprodukte bei McDonald's werden in der Regel auf anderen Grills gebraten als die Rindfleischsnacks. Doch die getrennten Produktionsverfahren lassen sich nicht immer durchgehend durchhalten, wie ein Firmensprecher erklärt. Für den Fall, dass einer der Grills kaputtgehe, werde eben vorübergehend alles auf dem noch intakten Grill zubereitet: Schweine- und Rindfleischprodukte. Fischburger hingegen, in denen sich panierter Kabeljau befindet, würden frittiert.

Und was ist mit Würstchen? Imbissbuden erfreuen sich nach wie vor großer Beliebtheit. Die Deutschen verzehren immerhin rund 60 Würstchen im Jahr, das sind 3,1 Kilo pro Kopf. Und in den meisten von ihnen steckt Rindfleisch. In der Bockwurst, den Wiener Würstchen, den Krakauern und der Weißwurst wird immer Rindfleisch verwurstet. Bock- und Brühwürste durften bis Anfang Oktober 2000 zudem das besonders risikoreiche Separatorenfleisch enthalten, also Fleisch mit Knochenresten des Rindes. Bei der Rostbratwurst müssen Konsumenten nachforschen: Sie kann Rindfleisch enthalten, muss aber nicht. Anders ist die Lage beim Frankfurter Würstchen. Das darf kein Rindfleisch enthalten – im Gegensatz zum Wiener Würstchen, das außer Schwein und Schweinespeck auch Rind beinhaltet. Die Currywurst hingegen gibt es in mehreren Varianten. Meistens ist aber auch hier Rindfleisch mitverarbeitet.

Vorsicht ist auch bei Dönern angeraten. Nach den Leitsätzen für Fleisch- und Fleischerzeugnisse des Deutschen Lebensmittelbuchs muss das Ausgangsmaterial für Döner und Kebabs Schaf- oder Rindfleisch sein. Außerdem ist es erlaubt, zwischen die dünnen aufeinander gestapelten Fleischscheiben bis zu 60 Prozent Hackfleisch zu mengen. Dieses Hackfleisch, das wiederum vom Rind oder Schaf stammen muss, darf außerdem mit Eiern, Zwiebeln, Milch, Joghurt, Öl, Salz und Gewürzen angereichert werden. Da viele Dönerbratereien ihr Fleisch bereits fertig vom Großhandel beziehen, dürften die meisten Imbissbudenbetreiber nicht in der Lage sein, zu sagen, welche Zutaten sie verkaufen, geschweige denn, woher diese im Einzelnen wirklich stammen. Auch bei so genanntem Putendöner sollte man nachfragen, ob Hackfleisch mitverarbeitet wurde.

Generell lässt sich für fleischhaltiges Fastfood Folgendes festhalten: lieber meiden, denn die Herkunft der Inhaltsstoffe von Hamburgern und Currywurst lassen sich meist nicht im Einzelnen nachvollziehen.

8. Fertigprodukte

Pflanzliches Öl und Stärke, Fleischextrakt und Rinderfett. Außerdem Gewürze, Geschmacksverstärker, Maltodextrin und Karamell. All das und noch viel mehr tummelt sich in löslicher Fleischsuppe. Was hilft es da, wenn die Verbraucherzentralen raten: «Achten Sie bei Brühwürfeln und Fleischextrakten auf die Zutatenliste!» Das Problem bei Fertigprodukten ist, dass die Zutatensprache für den Verbraucher gar nicht identifizierbar ist und dass zweitens keine Herkunftsangabe erfolgen muss: Neben versteckten Rinderprodukten wie Gelatine oder Fetten ist das Herkunftsland des verwendeten Fleisches bei Fertigprodukten einfach nicht ersichtlich.

Viele Hersteller von Fertiggerichten als auch Würzmittelproduzenten haben sich angesichts der BSE-Problematik schon vor Jahren entschlossen, Rindfleisch aus Südamerika zu verwenden. Doch wird das nicht durchgängig praktiziert. Bei Erasco zum Beispiel wird nach Firmenauskunft «ein großer Teil» des verwendeten Rindfleischs aus Südamerika bezogen, aber nicht ausschließlich. Das Gleiche gilt für Maggi. Das Unternehmen weist darauf hin, dass in seinen Produkten nur Rindfleisch und Rindfleischerzeugnisse aus Brasilien und Argentinien zum Einsatz kommen, wo es noch nie einen Fall von BSE gegeben habe. Wem das dennoch zu heikel ist, dem offeriert Maggi eine umfangreiche Liste mit Maggiprodukten, die ohne Rindfleisch, Rinderfett, Fleischextrakt und Gelatine hergestellt sind: neben einer Reihe von Suppen und Instant-Brühen sind das mehrere Soßen, diverse Fix-Produkte sowie die Mayonnaise und Remoulade der Marke Thomy. Übrigens ist auch im Maggi-Kartoffelpüree und in den Semmelknödeln keine Gelatine oder ein anderes Rinderprodukt enthalten. (Die komplette Liste der rindfleischlosen Maggiprodukte ist im Internet unter www.maggi.de abrufbar.)

Zu einem ziemlich radikalen Schritt hat sich der Wurstwarenhersteller Zimbo entschlossen. Nach dem Bekanntwerden der ersten deutschen BSE-Fälle im vergangenen Jahr stellte das Unternehmen einen großen Teil seiner Rezepturen radikal um, sodass seit Ende Januar 2001 von 140 Zimboprodukten nur noch zwei Rindfleisch enthalten: das Corned Beef und der Argentinische Rindersaftschinken. Die in den Zimbo-Produkten verwendete Speisegelatine wird nach Firmenauskunft zudem ausschließlich aus Schweinen hergestellt.

Auch Dr. Oetker sah sich veranlasst, die Rezeptur für seine Tiefkühl-Salamipizza zu ändern. Seit dem 1. Januar 2001 enthält die Wurst auf den Dr. Oetker-Pizzen keine Bestandteile mehr vom Rind. Nach wie vor verwendet der Bielefelder Nahrungsmittelkonzern jedoch Rindergelatine in einigen seiner mehr als 300 Produkte. In einigen Mousse-Desserts beispielsweise befindet sich so genannte gemischte Gelatine, also Gelatine vom Schwein und vom Rind.

Doch trotz solcher Anstrengungen einzelner Convenience-Produzenten kommt die *Stiftung Warentest* in ihrer Beurteilung für Fertiggerichte zu einem abschlägigen Urteil: «Meiden Sie

Fertiggerichte, die Rindfleisch oder Rinderprodukte enthalten. Die Herkunft des Fleisches ist hier nicht nachzuvollziehen.» Die *Verbraucherzentrale Nordrhein-Westfalen* warnt außerdem vor nebulösen Kennzeichnungen wie «Fleischeinwaage» oder «Fleischanteil» auf der Zutatenliste von Tiefkühl- und Mikrowellengerichten: Hier sei unklar, um welche Fleischart es sich handelt.

Doch schließlich gibt es ja auch bei Fertigprodukten fleischlose Alternativen. Statt Fleischbrühwürfeln lassen sich genauso gut Gemüsebrühen oder Hefeextrakte verwenden. Zum Andicken von Saucen eignen sich Maisstärke, Johannisbrotkernmehl, Agar-Agar und geröstetes Kichererbsenmehl. Und die Zahl der fleischlosen Tiefkühlgerichte und vegetarischen Doseneintöpfe dürfte angesichts der BSE-Debatte sicher weiter zunehmen.

Auch die Biobranche hat den boomenden Snackmarkt längst entdeckt. So genannte Bio-Convenience-Produkte reichen von der tiefgekühlten vegetarischen Pizza bis zur Nudelsauce aus der Tüte. Allerdings sind diese Bio-Fertigprodukte umstritten, insbesondere die Tiefkühlkost. Herstellung, Transport und Lagerung brauchen viel Energie, sodass der Begriff «Bio» bei diesen Produkten nicht mehr unbedingt gerechtfertigt ist. Diese Debatte hat allerdings nichts mit der Bioqualität an sich zu tun. Natürlich stammen die Zutaten von Biosnacks aus kontrolliert biologischem Anbau. Sie enthalten in der Regel weder künstliche Aromastoffe, Farbstoffe, Geschmacksverstärker noch Konservierungsstoffe.

9. Gelatine

In der Nahrungsmittelindustrie ist Gelatine ein beliebtes Produkt, denn die gelartige Masse verhilft Lebensmitteln zu einer dauerhaften und optisch wünschenswerten Konsistenz. Im Joghurt sorgt Gelatine dafür, dass sich kein hässliches Wasser auf der Oberfläche absondert, bei Sahnetorten verhindert sie das vorzeitige Zusammensinken der Mixturen; Müsliriegel werden dank Gelatine nicht härter, sondern weicher. Gefragt ist Gelatine darüber hinaus in Sülzen und Aspik, in Fruchtsäften, Speiseeis, püriertem Obst und natürlich in diversen Süßigkeiten wie Negerküssen, Weingummi, Schaumwaffeln, Marshmallows und Gummibärchen.

Doch was ist eigentlich Gelatine? Die gelartige Masse wird aus Collagen gewonnen, das sich in allen Säugetieren befindet. Collagene sind zähe Proteine, die hauptsächlich in der Haut, in Sehnen und Muskelscheiden und Knochen vorkommen. Diese Proteinmasse wird erhitzt und zerfällt bei Temperaturen über 70 Grad Celsius in Gelatin, ein Gel, das bis zu 90 Prozent aus Wasser besteht. Es gibt viele Typen von Gelatine. Speisegelatine zum Beispiel gilt als Lebensmittel und muss strengen Reinheitsvorschriften genügen. Sie darf unter anderem keine Konservierungsmittel enthalten. Doch Gelatine wird auch anderweitig eingesetzt: in der Foto-, der Pharma und der Kosmetikindustrie. Sogar bei der Produktion von Zündhölzern spielt Gelatine eine Rolle, wo die Schaum bildenden und bindenden Eigenschaften des Dickungsmittels genutzt werden.

Um Gelatine zu gewinnen, verwendet man zwei Rohstofflieferanten: das Schwein und das Rind beziehungsweise auch das Kalb. Gewonnen wird Gelatine aus so genannten Schlachtnebenprodukten wie Knochen oder Haut genusstauglicher Tiere, nicht aber aus Schlachtabfällen, wie mitunter berichtet wird.

Die in Deutschland für Lebensmittel verwendete Gelatine besteht zu etwa 90 Prozent aus Rohstoffen der Schweineschwarte. Der Bundesverband der Deutschen Süßwarenindustrie in Bonn weist darauf hin, dass die deutschen Fruchtgummi-Hersteller bei der Produktion ihrer Gummibonbons ausschließlich Schweinegelatine verwenden. Das gilt auch für die Firma Haribo, die in zahlreichen Fruchtgummis und in einigen Lakritzprodukten Gelatine als Bindemittel verwendet. Doch nicht in allen. Denn in manchen Haribo-Süßigkeiten befindet sich gar keine tierische Substanz: zum Beispiel in den «Sauren Gurken», in den «Riesen-Erdbeeren», in den «Extra Sauren Sauriern» und in den «Fruchtgummi-Schlümpfen». Als Fette setzt Haribo ausschließlich pflanzliche Öle wie das Kokosnussöl ein.

Manche Lebensmittelhersteller wollen jedoch auf den Einsatz von Rindergelatine nicht verzichten. Sie gilt als geschmackneutraler als Gelatine vom Schwein. Außerdem hat sie andere technische Eigenschaften in Bezug auf Viskosität und Schmelzfähigkeit. Vor allem die Pharmaindustrie kann deshalb bei der Produktion von Kapseln und Pillen nicht auf Rindergelatine verzichten. Zum Einsatz kommt Rindergelatine aber auch in der Fotoindustrie: So werden Filme bis zu 18-Mal mit einer dünnen Schicht Rindergelatine bezogen, wie auch Fotopapier mit Gelatine vom Rind beschichtet ist.

Beim Rind wird die Gelatine entweder aus den Knochen gewonnen oder aus der so genannten Spalthaut, das ist die sehr bindegewebshaltige mittlere Hautschicht. Der größte deutsche Gelatine-Hersteller, die «Deutsche Gelatine Fabrik» in Eberbach (von den 28 000 Tonnen Gelatine, die 1999 in der BRD produziert wurden, stammen 19 000 Tonnen von der DGF), bezieht die Spalthaut für Rindergelatine hauptsächlich aus Deutschland und Italien. Die Rinderknochen dagegen stammen aus den USA. Doch woher letztlich der Rohstoff für die gelartige Masse in einem einzelnen Produkt stammt, ist für den Verbraucher nicht nachvollziehbar: Der Gelatinemarkt ist ein globaler, kein nationaler Markt.

Hinzu kommt einmal mehr die mangelhafte Deklarationspflicht: Lebensmittelproduzenten müssen auf ihren Waren weder angeben, ob es sich bei der verwendeten Gelatine um Schweine- oder Rindergelatine handelt, noch woher die Rohstoffe dafür bezogen wurden. Hinzu kommt, dass verwendete Gelatine oftmals gar nicht deklariert werden muss: Normalerweise muss sie zwar auf der Zutatenliste erscheinen, nicht jedoch bei so genannten gemischten Zutaten, die weniger als 25 Prozent des verkauften Produkts ausmachen. Bei einem Fruchtjoghurt beispielsweise, der außer Joghurt auch noch bis zu 25 Prozent Erdbeeren und Gelatine enthält, reicht es aus, wenn diese Zusätze als «Fruchtzubereitung» deklariert werden. Egal, wie viel Gelatine dieser Joghurt enthält: Sie erscheint nicht auf der Zutatenliste. Noch problematischer wird das Ganze für den Verbraucher bei lose verkauften Nahrungsmitteln: Hier entfällt die Deklarationspflicht ganz.

Ist denn Rindergelatine wirklich gefährlich? Schließlich wird sie nach wie vor bei der Herstellung von Arzneimitteln verwendet. Die Weltgesundheitsorganisation WHO bewertet des Herstellungsverfahren für Rindergelatine als sicher. In der Tat ist das Produktionsverfahren ziemlich aggressiv: Stundenlang wird Gelatine in Natronlauge gelagert und in Schwefelsäure gebadet, bevor sie 20 Minuten lang bei 133 Grad Celsius und drei Bar Dampfüberdruck gekocht wird. Doch so manche Experten bezweifeln mittlerweile, dass dieses Procedere dem resistenten BSE-Erreger den Garaus macht. «Gelatine könnte – sofern sie aus Rinderknochen hergestellt wird – BSE-Erreger enthalten», meint die *Stiftung Warentest*. Die aggressiven Laugen, die bei der Gelatineproduktion zum Einsatz kommen, «können eine BSE-Infektion nicht völlig ausschließen».

Einen guten Rat haben allerdings auch die Verbrauchertester

nicht parat. So sei es schwierig, Gelatine beim Einkauf konsequent zu umgehen, weil das Verdickungsmittel «tausendfach verwendet wird». Pflanzliche Alternativen gebe es nur beim Selberkochen: Hier können Verbraucher auf Stärke, Johannisbrotkernmehl oder Pektin als Verdickungsmittel ausweichen. Wer gar nicht auf Gummibärchen und Co. verzichten will, dem bleibt als BSE-bewusster Verbraucher noch der Gang in den Bioladen oder ins Reformhaus. Hier werden Süßwaren ganz ohne Gelatine angeboten: Lakritze mit Melasse oder Fruchtgummis mit Pektin.

10. Arzneimittel

Arzneimittel bergen ein BSE-Risiko: Die Gefahr, sich durch die Einnahme eines in Deutschland zugelassenen Arzneimittels mit einer BSE-ähnlichen Krankheit anzustecken, ist nach Ansicht des Bundesinstituts für Arzneimittel und Medizinprodukte (BfArM) zwar kleiner als das Risiko, natürlicherweise an der Creutzfeldt-Jakob-Krankheit zu erkranken. Doch da im Durchschnitt die Creutzfeldt-Jakob-Krankheit mit einer Häufigkeit von etwa eins zu einer Million Bürger und Jahr auftritt, ist die Übertragungsmöglichkeit von BSE durch Medikamente zwar relativ gering, aber nicht ausgeschlossen.

Das Problem bei Arzneimitteln ist, dass sie zu einem sehr hohen Prozentsatz unter Zuhilfenahme tierischer Bestandteile produziert werden. Nach Auskunft des Bundesinstituts für Arzneimittel und Medizinprodukte in Bonn wird in Deutschland mehr als die Hälfte aller Arzneimittel mithilfe von Körperbestandteilen oder -produkten von Tieren hergestellt. Andere Quellen berichten gar, dass etwa 70 Prozent aller Medikamente Rindermaterialien enthalten.

Zu diesen tierischen Materialien gehören beispielsweise

Wirkstoffe wie Rinderinsulin. Auch Hilfsstoffe, wie aus Rindern gewonnene Gelatine, werden in hohem Maß benötigt: zum Beispiel für die Produktion sämtlicher Kapseln. Ebenso werden Milchzucker und Stereate (tierische Fette) verwendet, die nach Auskunft des Bundesinstituts in praktisch allen Tabletten als Bindemittel enthalten sind. Für keines dieser Produkte konnte jemals mit absoluter Sicherheit eine Kontamination mit BSE- beziehungsweise vCJK-Erregern ausgeschlossen werden, so das Arzneimittelinstitut.

Das sieht die *Stiftung Warentest* ähnlich: «Bei der Einnahme von Medikamenten, die Rinderprodukte enthalten, ist Vorsicht angebracht. Ein Ansteckungsrisiko kann heute weder ausgeschlossen noch nachgewiesen werden.» Die *Verbraucherzentrale Hamburg* ist da etwas optimistischer. Sie weist auf den strengen Sicherheitskatalog der Arzneimittelhersteller hin und meint, «wenn alle vorgeschriebenen Auflagen eingehalten werden, besteht keine Infektionsgefahr».

Dieser Katalog, der offiziell den Titel «Sicherheitsanforderung an Arzneimittel aus Körperbestandteilen von Rind, Schaf oder Ziege zur Vermeidung des Risikos einer Übertragung von BSE bzw. Scrapie» trägt, gilt verbindlich seit Dezember 1995 für alle in Deutschland zugelassenen Arzneimittel und Homöopathika. Anfang Dezember 2000 wurde dieses Evaluierungssystem angesichts der ersten originär deutschen BSE-Fälle modifiziert. So gibt es seitdem für Rohwaren aus Deutschland einen Punktabzug.

Die Sicherheitsanforderungen, denen Medikamente mit tierischen Zusätzen in Deutschland unterzogen werden, gliedern sich in sechs Bereiche:

1. die Herkunft und Haltung der Tiere (Land, Herde, Fütterung),
2. die Art des verwendeten Ausgangsmaterials (Organ, Gewebe, Flüssigkeit),

3. die durchgeführten Verfahren zur Abreicherung oder Inaktivierung potenziell vorhandener BSE-Erreger,
4. die Menge des zur Herstellung einer Tagesdosis eingesetzten Ausgangsmaterials,
5. die Anzahl der Tagesdosen,
6. die Applikationsart.

Diese sechs Bereiche wiederum sind wieder unterteilt und in Kategorien mit Faktoren zwischen 0 und 8 belegt. Je höher der Faktor, desto sicherer ist das Risiko eines Bereichs. Ein Beispiel: Erhält ein Medikament für den ersten Sektor «Herkunft und Haltung der Tiere» lediglich eine 1, so kann das daran liegen, dass das Herkunftsland des Tieres nicht nachprüfbar ist. Faktor 6 hingegen bedeutet, dass das Tier aus einem relativ sicheren Land stammt: einem Land, in dem entweder bisher noch nie oder nur bei einzelnen, nachweislich aus dem Vereinigten Königreich importierten Rindern BSE bekannt geworden ist. Bis Anfang Dezember 2000 zählte auch Deutschland zu dieser Kategorie. Das ist nun anders. Medikamente, die unter Verwendung von Materialien deutscher Wiederkäuer hergestellt werden, erhalten für diese erste Sicherheitsanforderung jetzt nur noch 5 statt 6 Punkte.

Zugelassen werden in Deutschland nur solche Medikamente und Hilfsstoffe, deren Punktsumme mindestens 20 beträgt. Deshalb spricht man bei der Sicherheitsbewertung von Arzneimitteln auch vom «20-Punkte-Schema». Und genau das soll in Bezug auf die BSE-Übertragung per Pillen, Kapseln, Säften und Seren sicherer sein als die Wahrscheinlichkeit eines jeden Einzelnen, irgendwann einmal an der Creutzfeldt-Jakob-Krankheit zu erkranken.

Überprüft werden diese Sicherheitspunkte bei der Neuzulassung eines Medikaments vom Bundesinstitut für Arzneimittel und Medizinprodukte. Dabei richtet sich im Zusammenhang mit der BSE-Seuche das besondere Augenmerk der Kontrolleure auf Punkt 1: die Herkunft des Ausgangsmaterials. Allerdings lässt sich oftmals gar nicht mehr rekonstruieren, woher die einzelne Rohware bezogen wurde. Ein typisches Beispiel dafür ist der Milchzucker, der in vielen Medizinprodukten vorkommt. Bei Laktose lässt sich das Ursprungsland oft einfach deshalb nicht mehr eindeutig feststellen, weil die einzelnen Bestandteile des Milchzuckers aus vielen Ländern zusammengekauft werden, bevor sie gemischt werden.

Neben diesem 20-Punkte-Schema gibt es noch weitere Schutzmechanismen bei der Arzneimittelproduktion. So darf zum Beispiel die Gelatine, aus denen Kapseln bestehen, laut Arzneimittelgesetz nicht von britischen oder portugiesischen Rindern stammen. Ausgangsmaterial für deutsche Arzneien aus Wiederkäuern aus Großbritannien ist darüber hinaus bereits seit Jahren von der Produktion ausgeschlossen. Auch Impfstoffe, die beispielsweise Kälberserum enthalten, müssen aus Ländern stammen, wo kein Rinderwahnsinn vermutet wird, wie Australien oder Neuseeland. Der Einsatz von Risikomaterial wie Hirn, Rückenmark oder Augen von Rindern, Schafen und Ziegen für Arzneimittel und kosmetische Produkte ist seit Januar 1998 untersagt.

Bei Fragen zu einzelnen Medikamenten kann man sich an das Bundesinstitut für Arzneimittel und Medizinprodukte wenden: BfArM, Friedrich-Ebert-Allee 38, 53113 Bonn, Tel. 0228/20730.

11. Impfstoffe

Viele Impfstoffe enthalten Substanzen vom Rind. Bei der Gewinnung von Impfstoffen gegen Masern, Mumps, Röteln und Polio beispielsweise ist Kälberserum nötig. Mitunter enthalten auch fertige Impfstoffe ein Rinderprodukt. Die aus Milch hergestellte Laktose dient in einigen Impfseren als Stabilisator.

Ins Gerede sind die Impfstoffe im Zusammenhang mit BSE vor allem deshalb gekommen, weil Großbritannien im vergangenen Jahr einen Impfstoff gegen Kinderlähmung vom Markt nehmen musste, nachdem man festgestellt hatte, dass bei der Herstellung fötales Kälberserum von einem britischen Rind verwendet worden war. Das Paul-Ehrlich-Institut, das in Deutschland die Wirksamkeit und Unbedenklichkeit von Impfstoffen überprüft, weist darauf hin, dass das in der Bundesrepublik nicht passieren könne: Die Zulassungsunterlagen für Impfstoffe schreiben vor, dass Kälberserum aus den USA, Neuseeland oder Australien bezogen werden *muss*.

Damit kommt die Bundesrepublik den Forderungen der Weltgesundheitsorganisation nach: Die WHO nämlich hält Impfstoffe, die mithilfe von Rindermaterialien hergestellt werden, für potenziell infektiös. Deshalb sollten Rindermaterialien gemieden oder aus Ländern bezogen werden, in denen es keine BSE-Fälle gibt.

Das Problem bei der Herstellung vieler Impfstoffe ist, dass auf Rinderprodukte in vielen Fällen bis heute nicht verzichtet werden kann. So gibt es für das fötale Kälberserum, das als Hilfsstoff beim Anlegen von Zellkulturen für Impfstoffe verwendet wird, bis heute keinen Ersatz. Das Paul-Ehrlich-Institut hält den Einsatz dieses Serums jedoch für relativ unbedenklich. Zum einen wird Kälberserum in die Risikokategorie IV eingestuft, also als Stoff ohne nachweisbare Infektiosität, zum anderen wird das Serum wieder entfernt, bevor die Impfviren auf den Zellen vermehrt werden.

Generell hält das Paul-Ehrlich-Institut die Impfstoffe, die in Deutschland auf dem Markt sind, aufgrund des Herstellungsverfahrens und der Herkunft der Rindermaterialien für BSE-frei. Allerdings muss das Institut einräumen, dass es bisher nur in Einzelfällen möglich ist, alternative Substanzen im Produktionsprozess zu verwenden, wie solche pflanzlichen Ursprungs. So gibt es bislang keine Alternativen für Laktose, Cholesterin, Kälberserum, Gelatinederivate, bestimmte aus Kollagen gewonnene Aminosäuren und Fleischextrakte. All diese Rinderprodukte gelten allerdings als relativ sicher, weil sie der Risikokategorie IV angehören: kein Erreger nachweisbar.

12. Kosmetika

Feuchtigkeitscremes und Fettcremes gegen trockene Haut, Kollagenprodukte gegen Falten, Seife für die umfassende Hygiene – in Europa sind Hunderte unterschiedlicher Kosmetikprodukte auf dem Markt. So haben die Autoren der Zeitschrift *Ökotest* recherchiert, dass allein in Deutschland jährlich etwa 75 000 Tonnen Toilettenseife aus den Fetten von Pflanzen und Schlachttieren hergestellt werden.* Eine typische Seife enthält 60 Prozent Rindertalg und 27 Prozent Kokosöl. Das Mischungsverhältnis hängt mit den Eigenschaften dieser Fette zusammen. Seife bloß aus Kokosfett schäumt stark, während Seife aus Rinderfett weniger schäumt und sehr mild ist. Dazu Thomas Schlicht vom Berliner Bundesinstitut für gesundheitlichen Verbraucherschutz: «Der Rindertalg ist kein schlechteres Aus-

* Vgl. Ökotest-Sonderheft 27: Kosmetik, Teil 2, 1999

gangsprodukt als pflanzliche Fette. Chemisch gesehen besteht kein Unterschied zwischen tierischen Fettsäuren und denen, die aus Pflanzen gewonnen wurden. Zwar taucht bei verunsicherten Verbrauchern immer wieder die Frage nach der BSE-Gefahr durch Rinderprodukte auf. Aber es gibt keine Hinweise auf eine mögliche Ansteckung über die Haut. Zudem werden die Fette tagelang mit starken Laugen gekocht.» *

Die rechtlichen Vorgaben für die Hersteller von Kosmetika orientieren sich weitgehend an den Bestimmungen für die Arzneimittelproduktion. Auch sie richten sich in Deutschland nach dem im vorausgegangenen Kapitel «Arzneimittel» beschriebenen Punkteschema der Sicherheitsbewertung, das 1995 vom Bundesinstitut für Arzneimittel und Medizinprodukte (BfArM) herausgegeben wurde. Die Hersteller von Kosmetika in Deutschland erklären unisono, keine Risikomaterialien von Rindern einzusetzen. Entsprechende Empfehlungen an die Branche durch das Bundesgesundheitsministerium wurden bereits 1994 herausgegeben. Bei der Verwendung von Rinderprodukten setzen die Hersteller auf die Inaktivierung möglicherweise vorhandener Prionen durch spezielle Hocherhitzungs- und Auslaugungsverfahren.

Seit Anfang 1997 ist eine europäische Richtlinie in Kraft, die sich an eine Regelung der amerikanischen Kosmetikindustrie anlehnt. Danach müssen die Hersteller auf der Verpackung die komplette Zutatenliste angeben, abgestuft nach ihrem Gewichtsanteil. Freilich dürfte es den meisten schwer fallen, sich in dem Gewirr chemischer Fachwörter zurechtzufinden. Außerdem sagt die Auflistung der Zutaten nichts darüber, wie sie gewonnen wurden. Und schließlich gibt es auch Zutaten, die sowohl aus pflanzlichen als auch aus tierischen Rohstoffen gewonnen werden können, zum Beispiel Lecithin, Fettsäuren

* Ebenda

oder Glyzerin. Dennoch sind diese Kennzeichnungen nützlich für alle, die beim Hersteller nachfragen möchten. Und zwar nicht nur in Zeiten von BSE. Auch andere als tierische Inhaltsstoffe sind oft bedenklich. Eine genaue Liste mit Testergebnissen gibt es zum Beispiel auf der Website des Magazins *Ökotest* (s. u.).

Apropos Inhaltsstoffe: Einige Hersteller, erklärtermaßen L'Oreal, haben sich bei der Verwendung von Kollagen umgestellt und nehmen als Ausgangsmaterial jetzt die Haut von Fischen statt von Rindern.

Bis heute ist wissenschaftlich ungeklärt, ob der BSE-Erreger durch die Haut aufgenommen werden kann. Wer völlig sicher gehen möchte, der sollte auf Produkte zurückgreifen, die ohne tierische Zusätze entstanden sind, zum Beispiel natürliche Produkte. Beim Einkauf sollte man auf eine entsprechende Kennzeichnung achten. Einige Hersteller von Naturkosmetika verzichten völlig oder nahezu völlig auf tierische Ausgangsstoffe. Der Hersteller Weleda zum Beispiel gibt an, nur drei tierische Ausgangsstoffe zu verwenden: Bestandteile des Wollfetts (Lanolin und Cholesterin), Bienenwachs und für die Rasiercreme Ziegenmilch.

Adressen
Ökotest-Verbraucherberatung: Tel. 0190/707426
oder 707966;
Internet: www.oekotest.de

Die Hersteller ökologischer Erzeugnisse findet man
im Internet unter: www. naturalbeauty.de

Bundesverband Deutscher Industrie- und Handelsunternehmen
für Arzneimittel, Reformwaren und Körperpflegemittel (BDIH):
Tel. 0621/1294330

Industrieverband Körperpflege und Waschmittel (IKW): 069/25561323

13. Tierfutter

Als Großbritannien 1989 die Verfütterung von Tiermehlen an Wiederkäuer verboten hatte, begann die Suche nach Abnehmern dieser hoch kontaminierten Futtermittel. Damals waren die Experten noch der Auffassung, dass nur Pflanzenfresser von der Infektion durch die BSE bedroht seien. Also gab man die verseuchten Tiermehle den Tieren im Londoner Zoo zu fressen. Und siehe da, insgesamt erkrankten im Laufe der Jahre 14 unterschiedliche Arten. Damit war die These widerlegt, nach der BSE für Fleischfresser nicht gefährlich sei. Fortan stufte man die Gefährdung der Arten nach einer differenzierten, aber recht eigenwilligen Logik ein: Jede Art, von der ein Tier erkrankte, galt von diesem Zeitpunkt an potenziell gefährdet, bei allen anderen schlossen die Wissenschaftler eine BSE-Gefahr potenziell aus. Als 1989 eine Katze im Vereinigten Königreich BSE bekam, war klar, dass auch Tiere erkranken können, die stammesgeschichtlich weit vom Rind entfernt sind. 1990 wurden in Großbritannien weitere Katzen entdeckt, die offenbar an der BSE erkrankt waren. Diese und andere Katzen haben sich überwiegend vor 1989 angesteckt, als das Risikomaterial von Rindern im Tierfutter noch verarbeitet wurde. Insgesamt wurden zu diesem Zeitpunkt 85 Katzen mit der Rinderseuche auffällig. Nach der Herausnahme von Rinderhirn und Rückenmark aus der Nahrungskette ging die Zahl der BSE-Katzen deutlich zurück.

Bis heute hält sich die Meinung, dass Hunde nicht an der BSE erkranken können. Zwar gibt es den Hinweis, dass 1991 ein Golden Retriever in Norwegen mit einer der BSE-ähnlichen

Krankheit aufgefallen sei, dessen ungeachtet gelten Hunde nach wie vor als nicht besonders anfällig.

Unabhängig davon hat in Deutschland der Marktführer bei der Herstellung von Tiernahrung, Masterfoods, nach eigenen Angaben schon frühzeitig auf Risikomaterial verzichtet. Bereits seit 1990 verwendet der Hersteller (Produkte u. a.: Whiskas, Kitekat, Sheba, Brekkies für die Katzennahrung und Advance, Pedigree Pal, Chappi, Cesar für das Hundefutter) grundsätzlich keine Rindermaterialien, die den BSE-Erreger enthalten könnten. Zu diesen so genannten «speziellen Risikomaterialien» gehören unter anderem Gehirn und Rückenmark. Diese Maßnahme wurde von vornherein freiwillig auf alle Rinder bezogen, also auch auf solche aus (bisher) BSE freien Ländern. Auch Separatorenfleisch vom Rind und Schwein verarbeitet Masterfoods nach eigenen Angaben nicht. * Mit anderen Worten: Dieses Tierfutter ist seit zehn Jahren sicherer als viele Produkte für die menschliche Ernährung.

Europaweit gibt es neben dem deutschen Marktführer (etwa 70 Prozent Marktanteil) weitere bedeutende Anbieter. Wer seit Jahren auf seine Marke schwört, sich aber durch die aktuelle BSE-Situation verunsichert fühlt, sollte sich nicht scheuen, bei der jeweiligen Firma Erkundigungen einzuziehen. Die Unternehmen sind darauf eingestellt, zum Thema BSE Verbraucherfragen zu beantworten. Die wichtigsten sind, aus welchem Land die Hersteller ihre Ausgangsprodukte beziehen und was sie davon verarbeiten.

* Presseerklärung der Firma Masterfoods vom 10. Januar 2001

II. Lecker Kochen ohne Fleisch – eine kleine Auswahl von Rezepten

Die Diskussion um BSE ist für viele Anlass, über ihren Fleischkonsum nachzudenken. Aber welche Alternativen gibt es? Wie das «Loch» auf dem Teller füllen, das der Verzicht aufs Fleisch zunächst hinterlässt? Die Verbraucher-Zentrale Nordrhein-Westfalen beschäftigt sich schon lange mit dem Thema, nicht erst seit BSE. Sie hat in einer Reihe von Broschüren schmackhafte Rezepte versammelt, die sich ohne großen Aufwand nachkochen lassen, und macht zudem Vorschläge für fleischlose Speisepläne, mit denen man lustvoll durch die Woche kommt. Im Folgenden ist eine Auswahl daraus versammelt.

1. Pilz-Ragout

4 Personen

1 kg Kartoffeln
100 g Zwiebeln
2 TL Pflanzenöl
500 g Champignons
250 g Pfifferlinge (frisch oder Glas)
2 EL Weizenvollkornmehl
250 ml Gemüsebrühe
1 Bund Petersilie
Jodsalz, Pfeffer

Kartoffeln als Pellkartoffeln kochen. In der Zwischenzeit die Zwiebeln fein würfeln und in Öl glasig dünsten. Die Champignons und Pfifferlinge putzen, waschen, scheibeln und zu den Zwiebeln geben. Kurz dünsten und mit dem Mehl bestäuben.

Mit der Brühe ablöschen und etwa 5 Minuten garen. Petersilie hacken und zwei Drittel davon unter das Ragout rühren. Mit Salz und Pfeffer abschmecken und mit den gepellten und der restliche Petersilie bestreuten Kartoffeln servieren.

2. Pürierte Möhrensuppe

4 Personen

500 g Möhren
100 g Zwiebeln
30 g Butter
1 Beet Kresse
750 ml Gemüsebrühe
125 ml Sahne
1 EL Curry
1 EL Zitronensaft
Salz, Pfeffer

Möhren putzen, in Scheiben schneiden. Zwiebeln pellen und in Ringe schneiden. 400 g Möhren und die Zwiebeln in der Butter andünsten. Curry dazugeben, kurz anschwitzen und mit der Gemüsebrühe auffüllen und zugedeckt 15 Minuten garen. Die Suppe pürieren. Sahne und die restlichen Möhrenscheiben zufügen und nochmals 5 Minuten garen. Mit Zitronensaft, Salz und Pfeffer würzen und mit der Kresse garniert servieren.

Dazu wird Vollkornbaguette gereicht.

3. Lauchquiche mit Räucherlachs

4 Personen

5 Stangen Porree
130 g Butter oder ungehärtete Margarine
175 g Vollkornmehl
Jodsalz, Zitronenschale
150 g Magerquark

200 g Räucherlachs	*1 TL Zitronensaft*
3 Knoblauchzehen	*Muskat, Pfeffer*
4 Eier	
150 g Schmand (od. Crème fraiche)	

Lauch waschen und putzen. 100 g Butter oder Margarine mit dem Mehl, Salz, der Zitronenschale und dem Quark verkneten und zu einer Kugel formen. Teig ca. 30 Minuten kalt stellen. Den Lauch in kleine Stücke schneiden und etwa 5 Minuten im restlichen Fett dünsten. Den Lachs in kleine Stücke schneiden. Knoblauchzehen in einen Topf pressen, mit den Eiern und dem Schmand verrühren. Mit den Gewürzen und dem Zitronensaft abschmecken. Eine Springform fetten und mit dem Teig auskleiden. Dabei einen etwa 3 cm hohen Rand hochziehen. Den Boden mit einer Gabel einstechen. Den Boden bei 200 °C ca. 10 Minuten vorbacken. Den Lauch mit einem Drittel des Lachses vermengen und auf den Teig geben. Den restlichen Lachs darüber streuen. Die Eimasse draufgeben und weitere 30 Minuten backen.

TIPP: Wer keinen Knoblauch mag, kann diesen auch weglassen. Gegen Knoblauchgeruch soll übrigens das Kauen von frischer Petersilie helfen.

4. Kartoffel-Kräuter-Gratin

4 Personen

600 g Kartoffeln	*1 EL Butter*
3 EL Milch (3,5 % Fett)	*2 Eier*

100 g Buchweizenmehl
1 Zwiebel, fein gewürfelt
80 g Käse, gerieben
1 Knoblauchzehe
1,5 TL Curry
Muskat
1,5 TL Jodsalz
2 EL Kräuter, gehackt
200 g Zwiebeln
1 EL Butter

Pellkartoffeln kochen, pellen und durch die Kartoffelpresse drücken. Milch, Butter und Eigelb mit der Kartoffelmasse verrühren. Buchweizenmehl, Zwiebeln und des Käse zufügen. Knoblauch hineinpressen, mit 2/3 des Curry, Gewürzen und Kräutern abschmecken. Eiklar zu Schnee schlagen und unterheben. Alles in eine gefettete Form geben und glatt streichen. Restlichen Käse mit dem verbliebenen Currypulver über den Auflauf streuen. Die Form auf die mittlere Schiene des Backofens schieben und bei 175 °C 45–55 Minuten backen. Inzwischen die Zwiebeln schälen, in Ringe schneiden und in der Butter rösten. Röstzwiebeln zum Gratin servieren.

Beilage:
Fruchtiger Eisbergsalat
4 Personen

1 Kopf Eisbergsalat
250 g Äpfel, rot
1 Orange
1 Msp. Pfeffer
½ TL Senf
3 EL Essig oder Zitrone
1,5 EL Pflanzenöl
1 TL Honig
5 Walnusskerne, gerieben

Eisbergsalat putzen, waschen, in 2 cm breite Streifen schneiden. Die Äpfel gründlich waschen, achteln, Kerngehäuse entfernen. Spalten in feine Scheiben schneiden. Orangen schälen, Spalten ebenfalls scheibeln. Gemüse und Obst mischen. Für die Salatsoße Pfeffer, Senf, Essig und Honig kräftig verrühren. Dann langsam das Öl zugeben, kräftig weiterschlagen. Zuletzt die Nüsse unterheben und alles mit dem Salat vermengen.

5. Apfel-Crumble

8 Personen

4 Äpfel	*200 g Haferflocken (kernig)*
60 ml Zitronensaft	*2 EL Pflanzenöl*
50 g Rosinen	*½ TL Zimt*
4 EL Honig oder Zucker	*1 Prise Jodsalz*
6 EL Weizenvollkornmehl	

Äpfel gründlich waschen, entkernen und klein würfeln oder grob raspeln. Rosinen in heißem Wasser für 5 Minuten einweichen. Äpfel mit Zitronensaft, der Hälfte des Honigs und den gut abgetropften Rosinen vermischen und in eine gefettete Auflaufform geben. Mehl, Haferflocken, Zimt, Salz, restlichen Honig mit dem Öl zu Streuseln verarbeiten. Diese Streusel auf die Äpfel geben. Im Backofen bei 180 °C 30–40 Minuten backen.

Den Apfel-Crumble kann man sowohl warm (mit Vanilleeis) als auch kalt (mit warmer Vanillesoße) essen. Sehr schmackhaft ist es auch, wenn man die Rosinen bereits 60 Minuten vorher in Wein einweicht. Anstelle der Haferflocken-Streusel können Sie auch einfache und köstliche Zimt-Streusel aus 50 g Butter oder ungehärteter Pflanzenmargarine, 50 g Honig oder Zucker, 100 g Mehl und ½ Teelöffel Zimt zubereiten.

6. Gemüselasagne

4 Personen

Teig
150 g Weizenvollkornmehl
1 Ei
1/4 TL Salz
1 bis 2 EL Wasser
1 EL Olivenöl, 10 g
oder
150 g fertige Vollkornnudeln

Gemüsefüllung
300 g Zucchini oder Porree
300 g Möhren
1 EL Öl, 10 g
Paprikapulver, Pfeffer, Salz

Tomatensauce
600 g frische Tomaten oder passierte Tomaten
1 EL Öl, 10 g
1 Zwiebel, 50 g
Pfeffer, Salz

Kräutersauce
40 g Butter
40 g Weizenvollkornmehl
125 ml Milch
250 ml Sahne
6 EL gehackte Kräuter
Pfeffer, Muskat, Salz
150 g Gruyère, geraffelt

Für den Nudelteig Weizenvollkornmehl, Ei, Salz, Wasser und Olivenöl zu einem festen Teig verkneten und zugedeckt 30 Minuten ausquellen lassen bzw. fertige Vollkornlasagnenudeln nach Vorgabe kochen.

In dieser Zeit Zucchini und Möhren grob raspeln (bei Verwendung von Porree diesen in kleine Ringe schneiden) und beide Gemüse in Öl kurz dünsten und mit Paprikapulver, Pfeffer und Salz abschmecken.

Währenddessen den Nudelteig halbieren und zwischen Klarsichtfolie zu zwei Teigplatten ausrollen, die der Größe der Lasagneform entsprechen.

Für die **Tomatensoße** Tomaten enthäuten und grob würfeln, in Öl andünsten, Zwiebeln zugeben, 10 Minuten dünsten, mit Pfeffer und Salz würzen.

Für die **Kräutersauce** Vollkornmehl in Butter anschwitzen, Milch und Sahne zugeben und alles zu einer sämigen Soße rühren, kurz aufkochen, Kräuter zugeben und mit Pfeffer, Muskat und Salz würzen.

Feuerfeste Form ausfetten. Die Hälfte der Tomatensauce in die Auflaufform geben, darauf eine Nudelplatte legen, darauf die Hälfte von Gemüse, Kräutersauce und Käse, dann wieder eine Nudelplatte, Tomatensauce, Gemüse, Kräutersauce und obenauf Käse.

Variation: Spinatlasagne

Anstelle von Zucchini und Möhren 600 g Spinat und eine Zwiebel verarbeiten.

Backzeit: 30 Minuten bei 200 °C

7. Wirsingauflauf

4 Personen

800 g geputzter Wirsing	*50 g Lauch (1/2 Stange)*
800 ml Wasser	*4 EL Kräuter*
2 Gemüsebrühwürfel	*80 g Gouda, gerieben,*
200 g Maisgrieß	*45 % Fett i.Tr.*
2 Eier	*1/2 TL Curry*
20 g Butter	*schwarzer Pfeffer,*
2 Knoblauchzehen	*Salz, Muskat*

Die Wirsingblätter vom Kopf ablösen und waschen, dicke Blattrippen herausschneiden. Das Wasser aufkochen, die Blätter darin fast weich kochen und abtropfen lassen. Den Mais mit der Wirsingbrühe verrühren und die Gemüsebrühwürfel dazugeben. Die Maismasse zu einem dickflüssigen Brei kochen und 10 Minuten auf der ausgeschalteten Platte bzw. beim Gasherd auf der niedrigsten Stufe ziehen lassen. Eier und Butter unter den Mais rühren. Knoblauch schälen und durchpressen und mit dem klein geschnittenen Lauch, den Kräutern und dem Käse (etwas zum Bestreuen zurücklassen) zum Maisbrei geben. Mit Curry und Pfeffer abschmecken.

Den Boden einer rechteckigen Auflaufform mit einigen Wirsingblättern auslegen und mit Muskat und Salz würzen. Einen Teil der Maisfüllung darüber verteilen und wieder mit Wirsingblättern bedecken. So die Schichten mehrmals wiederholen. Die Form abdecken und bei 200 °C auf der mittleren Leiste 20 Minuten backen.

Die Abdeckung abnehmen, den restlichen Käse darüber streuen und weitere 5 bis 10 Minuten backen, bis der Käse goldgelb ist.

8. Spinat-Eierkuchen

4 Personen

3 Eier
250 Weizenvollkornmehl
je 150 ml Milch und Wasser
1 Zwiebel
1 EL Butter
450 TK-Spinat
8 EL Öl
Muskatnuss
Jodsalz, Pfeffer
2 EL saure Sahne
1 EL Weizenvollkornmehl

Aus Eiern, Weizenvollkornmehl, Milch und Wasser sowie einer Prise Salz wird ein Pfannkuchenteig gerührt, der eine Viertelstunde quellen muss. Die Zwiebeln fein hacken und in der Butter andünsten. TK-Spinat dazugeben, nach Anweisung auftauen und garen. Aus dem Teig nacheinander in je 1 EL Öl 8 dünne Pfannkuchen backen. Warm halten. Den Spinat mit etwas Muskatnuss, Salz und Pfeffer abschmecken, saure Sahne dazugeben und mit 1 EL Weizenvollkornmehl, das in etwas Wasser angerührt wurde, binden. Spinatmasse auf den Pfannkuchen verteilen, zusammenrollen und in Ringe schneiden.

Brotaufstrich als Alternative für Wurst oder Käse:

1. Basilikum-Tomaten-Creme

ca. 20 Portionen

300 g Frischkäse
50 g Joghurt
Bund Basilikum
50 g getrocknete Tomaten in Öl
Jodsalz, Pfeffer
50 g Pinienkerne

Frischkäse mit Joghurt glatt rühren. Fein gehacktes Basilikum und fein gewürfelte Tomaten zugeben. Mit Salz und Pfeffer würzen. Die Pinienkerne ohne Fett in einer Pfanne rösten und zum Schluss unterheben.

2. Avocado-Creme

4 Portionen

2 Avocados, reif
1 Zwiebel, gewürfelt
1 Knoblauchzehe, gepresst
Jodsalz, Pfeffer, Zitronensaft

Avocados halbieren, Fruchtfleisch herauslösen und mit der Gabel zerdrücken. Direkt mit Zitronensaft beträufeln und mit den gewürfelten Zwiebeln, Knoblauch und Gewürzen verrühren.

Zusätzlich kann ein gewürfeltes, hart gekochtes Ei untergemischt werden.

3. Eiercreme

200 g Frischkäse
30 g Gouda, fein gerieben
125 g Schmand
2 Eier, hart gekocht
1 Bund Schnittlauch, gehackt
1 TL Senf
Jodsalz, Pfeffer

Frischkäse, Schmand und Gouda gut verrühren. Die fein gehackten, kalten Eier, den Senf und den Schnittlauch unterziehen. Eiercreme mit Salz und Pfeffer abschmecken. Mit einigen Schnittlauchröllchen bestreuen.

4. Meerrettich-Apfel-Aufstrich

4 Portionen

5 EL Schmand
1 EL Quark, Magerstufe
1 TL Meerrettich, frisch gerieben
½ Apfel
Jodsalz

Schmand mit Quark, Meerrettich und fein geriebenem Apfel vermengen. Eventuell etwas nachsalzen. (Wer keinen frisch zu reibenden Meerrettich hat, kann auch welchen aus dem Glas nehmen.)

5. Kartoffelkäse

100 g gekochte Kartoffeln durch die Kartoffelpresse drücken. Mit einem hart gekochten, klein gehackten Ei, 100 g Magerquark, je 50 g Butter und geriebenem Gouda und 1 EL Crème fraîche verrühren. Mit Salz und Pfeffer abschmecken. Nach Geschmack frische Kräuter unterrühren.

Diese Rezepte sind den folgenden Ratgebern der Verbraucher-Zentrale NRW entnommen:

Vollwertküche (14 DM)
Gemüse à la Saison (2 Bände im Schuber 25 DM)
Gewicht im Griff (14 DM)
Bärenstarke Kinderkost (10 DM)
Mahlzeit, Kinder (25 DM)

Sie können unter folgender Adresse bezogen werden: Verbraucher-Zentrale NRW e.V., Zentralversand, Adersstr. 78, 40215 Düsseldorf, Fax: 0211–3809-235, E-Mail: publikationen@vz-nrw.de

Notwendig zur Ernährung eines erwachsenen Menschen ist Fleisch übrigens nicht. Aber nicht jeder, der bisher gerne Fleisch aß, mag sich sofort komplett umorientieren. Die Düsseldorfer Verbraucherberater empfehlen in diesem Fall, bis zu zwei kleine Fleischportionen pro Woche einzuplanen und geben einige Tipps, mit deren Beachtung die Umstellung leichter fällt:

- Lassen Sie Fleisch wieder zu etwas Besonderem werden! Essen Sie es dann mit Genuss.
- Wenn Sie Fleisch kaufen, können Sie sich bei kleineren Mengen auch eine besondere Qualität leisten. Bevorzugen Sie Fleisch aus ökologischer Landwirtschaft oder erkundigen Sie sich nach regionalen Anbietern von Markenfleischprogrammen.
- Verkleinern Sie die Fleischportionen. Betrachten Sie das

Fleisch als Beilage und Kartoffeln und Gemüse als Hauptbestandteile des Essens.

- Bereiten Sie häufiger Geschnetzeltes zu. Hier fällt es kaum auf, wenn sich weniger Fleisch und mehr Gemüse, z. B. Zwiebeln, Paprika, Tomaten und Pilze im Topf befinden
- Lassen Sie das «Loch auf dem Teller» erst gar nicht entstehen. Fleischlose Speisen könnten z. B. Eintöpfe, Nudel- und Gemüseaufläufe, Pfannkuchen, Puffer jeder Art oder Salate sein. Wenn Fleisch bisher täglich auf Ihrem Speisezettel stand, werden Sie es bei diesen Gerichten am wenigsten vermissen. Gerade am Anfang kann das leicht passieren. Vor allem dann, wenn Sie so kochen wie bisher und lediglich das Fleisch weglassen. Bei jedem Blick auf den Teller erinnert Sie die Lücke dort an das fehlende Fleisch.

III. Quellen und nützliche Adressen

- **Bücher zum Thema**

Richard Lacey: Poison on a plate, The dangers in the food we eat – and how to avoid them. Metro Books 1998, London

Richard Rhodes: Tödliche Mahlzeit, BSE: Eine schleichende Epidemie bedroht die Menschheit. Spiegel Buchverlag 1997, Hamburg

- **BSE-Untersuchungsberichte**

Der 1997 veröffentlichte Untersuchungsbericht des Europäischen Parlaments ist im Internet unter www.europarl.eu.int/committees/bsehome_htm. abrufbar, der Bericht der britischen Untersuchungskommission aus dem Jahr 2000 unter www.bseinquiry.gov.uk

- **Verbraucherberatung**

Viele Tipps und Hinweise für den alltäglichen Umgang mit der Rinderseuche hat die Hamburger Verbraucherzentrale parat. Einen Großteil der Informationen können sich beunruhigte Verbraucher aus dem Internet holen (www.verbraucherzentrale-hamburg.de), ansonsten bieten die Hamburger eine persönliche telefonische Ernährungsberatung an, die dienstags und mittwochs zwischen 14 und 18 Uhr unter der Telefonnummer 040/24832240 erreichbar ist.

Auch die von BSE tangierten Ministerien bieten einen umfangreichen Internetauftritt zum Thema an, der oft nützliche Links beinhaltet: Das Landwirtschaftsministerium hat die Adresse www.bml.de/verbraucher/bse/bse-info.htm

Das Gesundheitsministerium hat die Adresse www.bmgesundheit.de

- **Allgemeine Informationen im Internet**
Die Europäische Kommission beschäftigt sich unter folgender Adresse mit dem Ausmaß der Seuche, den Übertragungstheorien sowie mit der BSE-Politik unter: www.europa.eu.int/comm/food/fs/bse/index_en.html

Das Bundesamt für Veterinärwesen in der Schweiz informiert nicht nur über die BSE-Problematik im eigenen Land, sondern berichtet auch über europäische Maßnahmen und Entwicklungen: www.bvet.admin.ch

Der Internetauftritt der Creutzfeldt-Jakob-Überwachungsstelle in Edinburgh ist zwar eher wissenschaftlich ausgerichtet, doch findet man hier aktuelle Zahlen, Statistiken und Forschungsberichte zu den Creutzfeldt-Jakob-Fällen im Vereinigten Königreich: www.cjd.ed.ac.uk

Die Weltgesundheitsorganisation WHO hält Statistiken und einen Maßnahmenkatalog für den gesundheitlichen Verbraucherschutz parat unter: www.who.int/emc/diseases/bse

Das Robert-Koch-Institut in Berlin informiert über seine BSE-Forschungen und weiterführende BSE-Links: www.rki.de/INFEKT/BSE/BSE.HTM

Eine umfassende und weiterführende Linksammlung zu BSE und der neuen Creutzfeldt-Jakob-Krankheit hat der Aachener Diplom-Biologe Roland Heynkes zusammengestellt: www.heynkes.de